Bushido

O Código do Samurai

4ª Edição

Daidoji Yuzan

Bushido

O Código do Samurai

Tradução:
Vânia Araújo

MADRAS

Tradução original do espanhol
Publicado sob o título El Código del Samuray — El Espíritu del Bushido Japonés y la Vía del Guerrero

Editor:
Wagner Veneziani Costa

Produção e Capa:
Equipe Técnica Madras

Tradução:
Vânia Araújo

Revisão:
Silvia Massimini
Edna Luna
Elaine Garcia

CIP-BRASIL. CATALOGAÇÃO NA FONTE
SINDICATO NACIONAL DOS EDITORES DE LIVROS, RJ.

D131b
Daidoni Yuzan, 1639-1730
Bushido: o código do samurai/Daidoji Yuzan; versão de A. L. Sadler; tradução Vânia Araújo. – São Paulo: Madras, 2005
Tradução de: El código del samuray: el espíritu del Bushido japonés y la vía del guerrero
ISBN 85-7374-638-6
1. Bushido. 2. Samurais - Conduta. I. Sadler, A. L. (Arthur Lindsay), 1882-. II. Título.
04-1094. CDD 170.440952
CDU 17.023(520)
29.04.04 30.04.04 006259

MADRAS EDITORA LTDA.
Rua Paulo Gonçalves, 88 — Santana
CEP: 02403-020 — São Paulo/SP
Caixa Postal: 12299 — CEP: 02013-970 — SP
Tel.: (11) 6959-1127 — Fax: (11) 6959-3090
www.madras.com.br

Índice

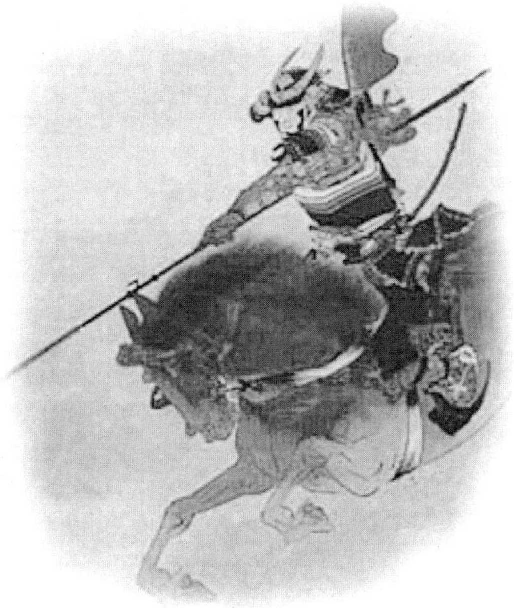

Capítulo I

Introdução

Um samurai deve antes de tudo ter sempre em mente, dia e noite, desde a manhã de Ano-Novo, quando pega os seus palitos para tomar café, até a noite do último dia do ano, quando paga suas faturas, o fato de que um dia irá morrer. Essa é sua principal tarefa. Se ele está plenamente consciente disso, poderá viver no Caminho da Lealdade e do Dever Filial, evitará muitas adversidades, irá manter-se livre da doença e da desgraça e, além disso, terá uma longa vida. Também terá uma personalidade diferenciada e com muitas qualidades admiráveis. Pois a existência é tão impermanente como o orvalho do entardecer e a geada da manhã; a vida do guerreiro é especialmente incerta. E se ele pensa em consolar-se com a idéia de trabalhar permanentemente para o seu senhor, ou dedicar-se perpetuamente a seus familiares, pode acontecer algo que faça com que ele descuide dos seus deveres e obrigações perante a sua família. Mas, se ele decide simplesmente viver o hoje, sem preocupar-se com o amanhã, de modo que quando está diante de seu senhor para receber suas ordens pensa nelas como se fossem as últimas, e quando contempla o rosto dos seus parentes sente como se nunca mais fosse vê-los de novo, seu dever e consideração serão completamente sinceros, ao mesmo tempo, sua mente estará concordando com o Caminho da Lealdade e do Dever Filial.

Mas, se não é mantida a idéia de morte em mente, será descuidado e suscetível de ser indiscreto e dizer coisas que ofendem os outros; pode gerar uma discussão e, se não for prestar atenção, é capaz de enfurecer-se, produzindo uma disputa que poderia acabar em uma briga. Além disso, se passeia por lugares de descanso e contempla as paisagens em paradas muito concorridas, sem o devido cuidado, pode deparar-se com algum insensato e ver-se envolvido em uma disputa sem se dar conta; inclusive poderá ser morto, misturando em sua morte o nome do seu senhor e expondo à reprovação pública seus pais e parentes.

E toda essa infelicidade surge por não ter a morte em seus pensamentos permanentemente. Mas quem o faz, tanto se está falando por si mesmo como respondendo pelos demais, considerará atentamente, como corresponder a um samurai, cada palavra pronunciada e nunca estará envolvido em discussões inúteis. Não permitirá que ninguém o induza enganosamente a seguir caminhos inadequados, nos quais poderia deparar-se com situações desagradáveis, assim evitando calamidades. Independentemente da posição social e financeira que possuem, se não se lembram de ter em mente a morte, são suscetíveis a cometer excessos doentios com a comida, o vinho e as mulheres, podendo morrer inesperadamente jovens, com enfermidades nos rins e no baço; além disso, enquanto se encontram doentes não são úteis a ninguém. Mas, aqueles que têm sempre a morte em mente são fortes e saudáveis quando jovens e, prestando atenção à saúde e sendo moderados com a comida, com a bebida, evitando o caminho das mulheres e usando a moderação e a privação em tudo, permanecem livres de doenças e vivem uma saudável e longa vida.

Mas quem vive uma longa vida neste mundo pode desenvolver todos os tipos de desejos, e sua cobiça pode aumentar a tal ponto de querer o que é do outro e, ao não poder suportar e conformar-se com o que possui, converte-se de fato em alguém semelhante a um simples comerciante. Mas se um homem está sempre olhando a morte de frente, terá pouco apego às coisas materiais e não demonstrará essas características de cobiça e avidez, adquirindo, como disse anteriormente, uma personalidade notável. Falando da meditação sobre a morte, Toshida Kenko diz, em *Tsure-zure-Gusa*, que o monge Shinkai costumava sentar-se no fim do dia para reflexionar sobre seu último fim; esta é, sem dúvida, uma atitude muito adequada para uma pessoa que se retira do mundo, mas não para um guerreiro, já que este teria de se descuidar de suas obrigações militares e do caminho da lealdade e da piedade filial, enquanto que, ao contrário, deve estar constantemente ocupado em assuntos públicos e privados. Mas, sempre que tiver um pouco de tempo para si e consiga estar tranqüilo, não deve deixar de voltar a pensar sobre esta questão (a morte), refletindo cuidadosamente sobre ela.

Por acaso não está escrito que Kusunoki Masashige renunciou a seu filho Masatsura para manter sempre diante dos seus olhos a possibilidade de morrer? Tudo isso faz parte da formação de jovens samurais.

Formação

Visto que o samurai se encontra à frente das três castas sociais e tem o dever de cuidar da administração, é imposto a ele o dever de ter uma boa educação e um amplo conhecimento da razão.

Contudo, durante o período da guerra civil, os jovens guerreiros iam a uma batalha com quinze ou dezesseis anos; assim, tinham de começar sua formação militar com doze ou treze anos. Como não tinham tempo de se sentar para ler um livro ou de pegar um pincel para exercitar a pintura, eram totalmente analfabetos.

Naquele tempo, havia uma grande quantidade de samurais que não sabia escrever um único caractere chinês. Seja por uma propensão ou pela falta de educação de seus próprios pais, que nada fizeram para remediar essa situação, já que toda a vida deles era dedicada ao Caminho do Guerreiro.

Hoje em dia, o império está em paz e, ainda que não se possa afirmar exatamente que os que nascem em famílias de samurais sejam indiferentes ao treinamento militar, estes não podem ser forçados em absoluto a aprender a carreira das armas com a idade de quinze ou dezesseis anos, como os guerreiros de antigamente. Assim, aos sete ou oito anos de idade, quando as crianças estão crescendo, devem ser introduzidas aos Quatro Livros, aos Cinco

Clássicos e aos Sete Textos, e deve-se ensinar-lhes caligrafia, para que possam lembrar-se de como são escritos os caracteres chineses.

Depois, quando estão com a idade de quinze a dezesseis anos, começam a praticar o tiro com arco, a equitação e todas as outras artes militares, pois essa é a maneira que os samurais devem educar seus filhos em tempos de paz. Neste caso, não existe desculpa alguma para o analfabetismo, como a que havia para os guerreiros nos tempos de guerra civil. E também não é correto culpar as crianças pela falta de educação: isso se deve inteiramente ao descuido e à incompetência de seus pais, que não conhecem realmente o caminho do afeto que deve ser dado a seus filhos.

Dever Filial

O samurai deve basear sua conduta em um sentido de dever filial. Por mais que alguém tenha nascido capaz, inteligente, eloqüente e aplicado, não adianta nada se não for filial. Para o Bushido, o Caminho do Guerreiro exige que a conduta de um homem seja correta em todos os sentidos, já que, se não existe discernimento em todos os assuntos, não haverá conhecimento do que é correto.

Quem ignora o que é correto, dificilmente pode chamar-se de samurai. No entanto, quem tem essa compreensão, dá-se conta de que seus pais são autores de seu ser e de que ele forma parte de sua carne e de seu sangue. E é disso que somos feitos, e é daí que surgem assuntos que nos conduzem a desprezar a própria origem paterna e materna. Isso é falta de discriminação da ordem da causa e do efeito.

Então, para que se cumpram as obrigações filiais, existem duas categorias. A primeira acontece quando os pais têm uma atitude honrada e educam seus filhos com autêntica bondade, deixando-lhes todas as suas propriedades, incluindo uma renda acima da média, armas, equipamento para o cavalo, tudo o que é considerado valioso na casa, bem como tudo o que é necessário para um bom matrimônio. Quando os pais têm essa atitude, é mais do que normal que seus filhos cuidem e tratem deles com toda a consideração possível.

Quando se trata de uma pessoa totalmente distante da família, se ela tem um vínculo de amizade íntima conosco e deixa o seu caminho para ajudar-nos, sentimo-nos dispostos a fazer qualquer coisa por ela, mesmo contrariando nossos interesses.

Quão mais profundo, pois, deve ser o vínculo de afeto quando se trata de nossos pais? Por mais que façamos por eles como filhos, sentimos que ainda que cumpramos muito bem nossas obrigações filiais, nunca será realmente suficiente. Trata-se apenas da piedade filial, que nunca é tida em demasia. Mas, se os pais não são bondosos, e sim velhos e cheios de caprichos, sempre se queixando e insistindo que sua propriedade (casa) pertence somente a eles, não dão nada a seus filhos e ainda mantêm uma qualidade de vida financeiramente baixa e pedem com impertinência bebida e comida. E cada vez que encontram alguém, fazem algum comentário do tipo: "O burro do meu filho não é filial e, por sua causa, tenho de suportar todo tipo de incômodos. Você não tem idéia do quanto eu sofro, agora que estou velho."

Alguns pais são muito rabugentos e, mesmo assim, temos de apaziguar seu mau temperamento, aliviar suas enfermidades por causa de sua velhice e apiedar-nos delas, tudo isso sem mostrar contrariedade. Esforçar-se ao máximo por pais assim é uma autêntica piedade filial. Um samurai que possui esse espírito, quando trabalha a serviço de um senhor, compreenderá totalmente o Caminho da Lealdade, demostrando-a não somente quando o seu senhor está feliz e próspero, mas também quando vive um momento de adversidade; não o abandonará quando os seus cem cavalheiros se reduzirem a dez e estes dez a um, defendendo-o até o final, levando sua vida como se não valesse nada, somente para exercitar a sua lealdade. Ainda que os termos "pais", "senhor", "conduta filial" e "lealdade" sejam distintos, não têm significados diferentes. Os antigos tinham um ditado que dizia: "Procure um vassalo leal entre as pessoas filiais", pois não é razoável pensar que uma pessoa que não é filial com os seus pais possa ser leal ao seu senhor. Se alguém é incapaz de cumprir seus deveres filiais com relação a seus pais, que lhe deram a vida, é muito improvável que ofereça um serviço leal a seu senhor, que não é um parente, somente por gratidão. Quando um filho que não é filial trabalha para um senhor, criticará qualquer falha do seu amo e, quando este deixar de aprovar alguma coisa, ele renunciará à sua lealdade e irá abandoná-lo em um momento crítico, ou trairá seu senhor, indo para o lado do inimigo. Existem exemplos dessa indigna conduta em todas as épocas, a qual deve ser evitada e detestada.

Ordens do Samurai

No Bushido existem duas ordens e quatro divisões. As duas ordens são ordinárias e extraordinárias; a primeira está dividida em duas partes: a dos oficiais e a dos soldados; a segunda se divide igualmente na do exército e na dos assuntos de batalha.

Os oficiais samurais devem lavar as mãos e os pés de noite e de manhã e tomar um banho quente, estando assim bem limpos. Um samurai deve estar com os cabelos bem cuidados todos os dias e manter a barba sempre bem feita. Deve também estar sempre com a roupa cerimonial adequada para a ocasião e, logicamente, portar suas duas espadas, bem como um leque na cintura. Quando recebe um convidado, ele deve ser tratado como manda a etiqueta referente à sua posição, evitando manter todo e qualquer tipo de conversa desnecessária.

Até para tomar uma tigela de arroz ou uma xícara de chá, deve ser seguida a etiqueta, sem demonstrar preguiça ou descuido.

Quando ocupa algum cargo e está fora de serviço, não deve ficar sem fazer nada; deve estar sempre praticando algo, seja a leitura ou a escrita, armazenando em sua mente a história antiga e os conceitos dos antigos guerreiros. Em resumo, deve comportar-se bem a todo momento para ter uma postura própria de um samurai.

Falaremos agora sobre os soldados. Refiro-me aos exercícios com obstáculos, exercícios com o uso da lança, equitação, tiro com arco-e-flecha.

Tudo deve ser estudado até se chegar ao êxito absoluto. Se esses dois códigos forem bem compreendidos e executados (o código do samurai e o do soldado), a ordem ordinária pode ser considerada completa, a tal ponto, de a maioria pensar que isso já é mais que suficiente para tornar-se um bom guerreiro e um bom oficial.

Mas um samurai é um oficial para situações extraordinárias; quando o país se encontra em uma situação de desordem, deve relegar as normas ordinárias para a vida de samurai e servir como comandante sob as ordens de seu senhor.

Convertem-se em oficiais e soldados os principais vassalos e os menos importantes. Então, todos deixam de lado o traje de cerimônia, colocam sua armadura e pegam suas armas para entrar no território do inimigo. Existem várias maneiras de tratar dos assuntos de ordem militar, e isso é algo que todos devem saber.

Agora falaremos dos assuntos de batalha, que é o modo de dirigir um exército quando entrar em contato com o inimigo para iniciar uma batalha.

Se tudo sai conforme o planejado, chega-se à vitória; caso contrário, sobrevém a derrota.

Chamam-se samurais de primeira classe todos os que estejam totalmente preparados pelas duas ordens, constituídas em quatro partes. Ter experiência somente em duas partes pode bastar para que se torne um cavalheiro médio, mas não um comandante ou oficial superior, como *monogashira* ou *bugyo*. Por esse motivo, é muito importante que todos os samurais considerem e se dêem conta de que não poderão elevar-se a posições superiores sem um profundo estudo da ordem extraordinária.

Nunca Descuidar do Espírito Ofensivo

É de total importância que um samurai nunca descuide do seu espírito ofensivo, em hipótese alguma, em nenhuma circunstância, pois o nosso país é diferente dos outros, devido ao fato de que qualquer pessoa, independentemente de sua posição, seja um lavrador, comerciante ou artesão, sente-se realizado por ter uma espada oxidada, por meio da qual se manifesta o espírito do guerreiro do Império Japonês. Não são soldados profissionais, mas é costume das famílias militares que até o mais humilde dos serventes do samurai tenha pelo menos uma pequena espada. Logicamente, os samurais que possuem uma posição mais elevada sempre levam na cintura sua espada. E alguns são tão cuidadosos a ponto de levarem suas espadas até quando vão tomar o seu banho.

Se eles estão com a espada dentro de casa, mais necessário ainda é estar com ela quando saem de casa, para ir a qualquer outro lugar, já que no caminho pode aparecer um bêbado ou qualquer outro insensato querendo começar uma luta. Existe um velho ditado que diz: "Quando sair pela porta, aja como se fosse ser atacado a qualquer momento pelo inimigo."

Assim, o fato de o samurai estar sempre acompanhado de sua espada faz com que ele não se esqueça do espírito de ofensiva. E, ao fazê-lo, sua mente se fixa firmemente na morte. Mas o samurai que não mantém esse espírito de ofensiva, mesmo que leve uma espada à cintura, é apenas um lavrador ou um comerciante disfarçado de guerreiro.

Samurais Retirados do Mundo

Desde a antiguidade, os samurais têm o costume de retirar-se do mundo, como os monges, e, sem dúvida, existem entre ambos muitas semelhanças.

Por exemplo, entre os monges zen existem os chamados *zosu* e *shuza:* são subordinados, da mesma categoria que os vassalos exteriores entre os militares, que são simplesmente soldados inferiores do mesmo grupo militar. Depois vêm o *tanryo* e *seido*, um cargo superior, que é mais ou menos o mesmo que o do *metsuke* (crítico), ou capitães da guarda ou da infantaria entre os samurais. Seguindo, temos os chamados *choro* ou *osho*, que levam túnicas coloridas, portam um leque nas mãos e têm autoridade sobre as pessoas simples do lugar onde vivem; fazem o mesmo que o comandante do samurai ou comandante da infantaria, ou os Seis *Bugyo* ou Arqueiros, que ostentam o privilégio de ter sua própria linhagem, o seu manto e o seu bastão, dando ordens ao exército e mandando inclusive no campo de batalha.

Na minha opinião, apenas na questão de aprender é que essas comunidades de retirados do mundo mostram que são bastante superiores aos samurais.

A razão disso é o costume que os monges têm de viajar por todo o país, de um monastério a outro, para estudar e encontrar-se com diferentes sábios, acumulando assim méritos na prática da meditação e da virtude.

Quando chegam a ser *tanryo*, *seido*, *choro* e *osho*, convertem-se em abades de grandes templos e monastérios, seguem sem ter vergonha de continuar seus estudos e investigações para ser dignos de outros cargos.

Eu gostaria de ver isso entre os samurais, mas até aqueles mais inferiores e sem posições, que prestam serviços externos, têm muito tempo livre, ganham razoavelmente bem, o que faz com que mantenham uma vida relativamente boa, garantindo todos os gastos e necessidades que a vida no seu dia-a-dia pede.

Alguns que ainda são relativamente jovens e possuem esposa e filhos parece que têm como única ocupação tirar um cochilo pela manhã e pela tarde. Não estudaram as duas partes da ordem ordinária para os samurais e muito menos têm qualquer conhecimento do que é ser um samurai extraordinário, e assim passam a vida ociosamente, vendo os seus cabelos caírem e suas barbas embranquecerem.

Quando chegam à idade correta, aposentam-se.

Aqueles que atuam como *tsukai-ban*, ou mensageiros, têm o dever de procurar uma outra pessoa, um amigo, para ficar no seu lugar. Mas quando são enviados a alguma província distante, confundem-se, distraem-se com os preparativos da viagem e, quando iniciam seus deveres, só conseguem executar o trabalho devido às instruções dos veteranos; muitas vezes pedem emprestado livros que possam dar a eles referências. Mas isso é algo que não pode acontecer. Como todos os deveres dos samurais são fixos, devem pensar neles quando aparentemente não têm nada a fazer, e quando se encontram com oficiais capazes e experientes devem deixar de lado a idéia de bater papo e procurar aprender o máximo possível, pois as informações dadas poderão ser utilizadas algum dia. Devem fazer todo tipo de anotações, para que assim estejam bem informados sobre todos os pontos, e qualquer ordem que futuramente recebam, terão mais facilidade também para executá-la. Depender dos superiores e companheiros para obter informações e cumprir obrigações pode funcionar bem para os chamados casos ordinários, mas quando acontece alguma coisa extraordinária, para o bem ou para o mal, neste caso dependerá da própria capacidade do samurai para resolver o problema.

Um inspetor do exército deve saber tudo sobre o número de inimigos, o melhor lugar para se fazer um acampamento e colocar as tropas, os lugares mais seguros do castelo, as vantagens e desvantagens no que se refere a posições geográficas e às probabilidades para se chegar à vitória. Desde a antiguidade, este posto é considerado um dos mais difíceis. Se um inspetor comete erros de cálculo, isso acarretará vergonha a ele; no entanto, os superiores dos comandantes de infantaria (*ashigaru taisho*), que têm o cargo de marechal e o controle real das tropas, são responsáveis pela vida dos homens que estão no exército. É muito improvável, portanto, que os homens desonrem as ordens dadas pelo alto escalão gabando-se, sem ter o conhecimento ou a capacidade adequada.

É como se, entre os monges zen, algum deles deixasse de estudar e mesmo assim fosse promovido a um cargo de *choro* ou *osho*, pelo simples fato de estar caracterizado como tal: cabeça raspada, idade de retiro, túnicas luxuosas e nas mãos um leque, comportando-se com autoridade em relação a seus irmãos. Se um monge indigno subisse de posição de maneira irregular, acabaria sendo visto como um tonto perante a comunidade, e teria de demitir-se, para não causar problemas, retirando a paz e a ordem da comunidade em que vive.

Mas é muito diferente no caso dos samurais que são promovidos a altos postos e demonstram incompetência na hora de mandar, pois colocam em perigo a vida de todos os seus subordinados, podendo causar grandes perdas. Portanto, devem estudar muito, em qualquer oportunidade ou tempo livre que se apresente, para obter um conhecimento completo sobre as ordens do exército e do campo de batalha, já que tanto a teoria como a prática são necessárias para quem deseja subir de cargo.

Justo e Injusto

Um guerreiro deve ter total compreensão desses dois aspectos.

Se sabe como praticar um e evitar o outro, terá alcançado o Bushido.

Justo e injusto são, nada mais nada menos, que o bem e o mal, embora não possa negar que existe uma sutil diferença entre os dois termos; atuar justamente e fazer o bem é difícil e é algo cansativo, enquanto que ter atitudes injustas e fazer o mal é bem mais fácil e divertido, de modo que a natureza das pessoas faz com que elas tenham uma facilidade em escolher o caminho da injustiça e do mal, e tendam a não gostar do que é justo e bom. Mas ser instável e não distinguir o justo do injusto é não saber utilizar a razão; assim, aquele que sabe diferenciar o justo do injusto, o bem do mal, mas segue optando pelo mal e injusto, não será um autêntico samurai, e sim uma pessoa grosseira e incivilizada. A razão disso é uma pequena capacidade de autocontrole. Se examinamos sua origem, vemos que surge da covardia. Por isso, é essencial que um samurai não trabalhe injustamente e se apegue totalmente ao que é justo.

Para trabalhar bem, utilizando a justiça, existem três etapas a serem seguidas.

Suponhamos que um homem planeje uma viagem com seu vizinho e este possua cem moedas de ouro (*ryo*), mas, para evitar o risco de levá-las consigo, guarda suas moedas na casa daquele que o convidou para a viagem, sem dizer a ninguém. No decorrer da viagem, o vizinho fica doente, sofre uma dor de barriga, uma apoplexia ou algo parecido, e morre. Ninguém irá saber onde estará esse dinheiro. Mas o seu companheiro de viagem, por pura e simples simpatia e compaixão, imediatamente avisa os parentes e devolve o dinheiro. Este é realmente um homem que faz o que é justo.

Façamos uma segunda hipótese: que o homem, dono do dinheiro, tivesse somente alguns conhecidos e nenhum amigo íntimo, e ninguém soubesse da existência do dinheiro que ele deixou guardado; provavelmente, não havia ninguém para questionar o assunto. Assim, o outro homem acha que não há nada de mal em pegar e usufruir do dinheiro, não dizendo a ninguém sobre o seu grande golpe de sorte. Mas a vergonha imediata cai sobre ele, por ter tido um pensamento tão equivocado, aterrorizante e, imediatamente, ele devolve o dinheiro. Isso é trabalhar bem por causa da vergonha que provém da própria mente. Suponhamos que alguém que está em sua casa, seja um parente ou criado, saiba da existência desse dinheiro, e o homem que o guardou tenha vergonha do que possam pensar ou dizer dele no futuro, decidindo, então, a devolver o dinheiro. Esta é uma pessoa que trabalha bem por causa da vergonha relacionada a outras pessoas. Agora aqui lanço a pergunta: e se ninguém soubesse da existência desse dinheiro? Igualmente será uma pessoa que trabalhou o seu lado justo, fazendo a coisa correta.

Para exercitar a justiça e ter uma conduta correta, é necessário sentir vergonha do desprezo da nossa família, dos criados e amigos e, depois, dos conhecidos e desconhecidos, evitando o mal e trabalhando o bem. Isso acabará sendo um hábito tão natural que, com o tempo, iremos preferir o bem e odiar o mal.

Mais uma vez, no caminho do valor, quem é valente de nascimento pensará que não custa nada entrar em uma batalha e expor-se ao disparo de flechas e de balas. Consagrado à lealdade e ao dever, fará de seu corpo um escudo e seguirá seu caminho, mostrando com isso o seu excepcional valor e um grande exemplo para todos os que o observam. Mas poderá haver alguém que fique tremendo de medo e com o coração palpitando fortemente, quando lhe perguntam o que fará para sair-se bem de uma situação como essa, parado no meio de todo esse perigo; porém, devido à vergonha de ser o único a falhar diante de seus companheiros quando eles avançam, e porque teme perder a reputação no futuro. Então ficará atrás daquele que é valente por natureza. Com o tempo, embora possa ser muito inferior ao valente de nascimento, ficará acostumado a essa situação e participará como os valentes. Dessa maneira, seu valor será confirmado e ele será visto como um guerreiro. Não será em nada inferior àquele que nasceu com a valentia em suas veias. Portanto, para fazer o que é correto e mostrar o seu valor, em ambos os casos foi necessária a presença da vergonha. Mas, se alguém diz erroneamente que não se importa com o que chamamos de injusto, mas ri de um covarde, afirmando igualmente que não se importa com isso, o que poderá ser feito para disciplinar esse tipo de gente?

Valor

Para o Bushido, são essenciais estas três qualidades: Lealdade, Boa Conduta e Valor.

Falamos do guerreiro leal, do guerreiro justiceiro e do guerreiro valente, que é aquele dotado dessas três classes de virtudes. Mas, entre os milhares de samurais, é raro encontrar algum que seja assim. O guerreiro leal e o guerreiro justiceiro são fáceis de ser reconhecidos, devido à sua conduta cotidiana, mas podemos dizer que não é fácil encontrar guerreiros valentes em tempos de paz e tranqüilidade.

Mas geralmente isso não é assim, visto que um homem não demonstra o seu valor quando coloca a sua armadura, pega a sua lança e caminha para a batalha, e sim quando está sentado na calçada levando sua vida cotidiana. Porque, quem nasce valente, será leal e filial a seu senhor e a seus pais, e sempre que tiver momentos de ociosidade, utilizará esse tempo para estudar e não será negligente na prática das artes militares. Estará protegido contra a preguiça e prestará muita atenção em como gasta cada uma de suas moedas. Se você pensa que isso é um sinal de avareza, está enganado, visto que ele gasta com liberalidade quando realmente é necessário. Ele não faz nada que seja contrário às ordens dadas por seu senhor ou que cause desgosto a seus pais, por mais que deseje. E assim, sendo sempre obediente a seu senhor e a seus pais, preserva sua vida, tendo a esperança de fazer algum dia uma obra de mérito, moderando seu apetite no que se relaciona à comida e à bebida, evitando o excesso de sexo, que é o grande engano da humanidade, para que assim possa preservar o seu corpo saudável e forte. Porque, neste caso, o autocontrole deve ser severo e é nele que constituirá o princípio do valor.

Contudo, quem é superficialmente leal e filial, diante de seu senhor e de seus pais, não pode ser considerado uma pessoa de valor. Indiferente às normas dadas por seu senhor e aos desgostos dos seus pais, ele terá uma propensão a andar habitualmente onde não deve e fazer o que não se pode fazer, de acordo com sua própria inclinação. Ele gosta de dormir pela manhã e pela tarde, mas detesta estudar. Quanto às artes militares, sabe tudo sobre elas, mas não gosta de praticá-las, gabando-se de coisas que não sabe fazer e entusiasmando-se com coisas inúteis. Dispende uma grande quantidade de dinheiro em festas luxuosas, gastando tudo sem a menor preocupação. Mas não sabe gastar, não vê que a armadura que ganhou do seu pai precisa de reparos. Também não comprará nenhuma roupa nova ou rédeas para o cavalo, substituindo assim as que foram perdidas. Sua saúde não é boa o suficiente para poder servir ao seu senhor, e carece de qualquer consideração pelos problemas, e pela ansiedade que causa a seus pais. Come e bebe muito, e exagera no que se refere a sexo; esse mau uso e desgaste de suas forças físicas e de sua longevidade são devidos à sua mente débil e sem direção, incapaz de ter autocontrole. Dessa maneira, a probabilidade de errarmos, quando dizemos que tudo isso é origem da covardia de um samurai, é quase nula. É assim que distinguimos o valente do não-valente, inclusive quando estão sentados na mesma calçada.

Respeito

Os dois Caminhos da Lealdade e do Dever Filial não se limitam aos samurais; também incluem os lavradores, artesãos e comerciantes. Mas, neste caso, quando um menino está sentado com seus pais, ou um criado com seu amo, podem ficar com as pernas cruzadas e com as mãos à vontade, podem dirigir-se a eles em pé enquanto seus pais estão sentados, ou podem ter outras atitudes de desrespeito sem importar-se. Mas no Bushido, por mais leal e filial que um homem possa ser em seu coração, se faltam a etiqueta correta e a educação em relação ao seu senhor e a seus pais, não podemos considerar que este homem viva adequadamente.

Qualquer negligência dessa categoria, não só perante seu senhor, como também perante seus pais, não corresponde a uma conduta adequada para aquele que se prepara para ser um samurai. Até quando estão sozinhos não devem relaxar, não devem ter altos e baixos em sua lealdade e no seu dever filial. Mesmo dormindo ou somente relaxando, deitado na cama, seus dedos nunca podem apontar para a mesma direção em que está o seu senhor. Se a pessoa vai praticar sua pontaria com o arco e a flecha, as flechas nunca devem cair em direção ao lugar onde se encontra seu senhor. O mesmo acontece quando coloca sua lança no chão: as pontas das lanças nunca devem estar nessa direção. E se ouve alguma conversa de seu senhor, ou se deixa escapar algumas palavras sobre ele, estando encostado, deve levantar-se, e se está comodamente sentado, deve ajeitar-se. Este é o Caminho do Samurai.

Outra coisa que demonstra uma falta de consideração é apontar o cotovelo em direção a seu senhor, falar dele enquanto está descansando, jogar uma carta ou rasgá-la na presença de seus pais, ou utilizar o papel para limpar o cachimbo ou uma lanterna. As pessoas que têm essa atitude são as que falam mal do seu senhor quando se encontram com estranhos. E, se chega alguém, mesmo que seja um completo estranho, e conversa com ele educadamente, sentir-se-á livre para contar um monte de escândalos sobre seus pais ou seus irmãos mais velhos, caluniando-os. Certamente terá o castigo merecido do seu senhor ou alguma outra desgraça irá acontecer em algum momento; no final, ele não terá uma atitude digna de um guerreiro e, se continua vivendo, será uma existência sem valor, sem paz e prosperidade. Em outros tempos, em Keicho, vivia um valente guerreiro chamado Kani Saizo, comandante de infantaria do Fukushima Saemon-taiyu Masanori, que mantinha a vigilância e a guarda, dia e noite, da porta de ferro do castelo de Hiroshima em Aki. Como era um homem velho, às vezes adormecia durante suas obrigações; em uma dessas ocasiões, aconteceu de chegar diante dele um jovem, portando um arco e uma mensagem dizendo que se tratava de um presente de seu amo. Saizo levantou-se imediatamente, colocou a *hakama** que havia tirado e deixado de lado, voltou-se em direção ao *hommaru* e recebeu a mensagem, dizendo que imediatamente se apresentaria perante o seu senhor para agradecê-lo.

** Peça tradicional do vestuário samurai: espécie de calça semelhante a uma saia (N. do T.).*

Depois disse: "Se você fosse o meu filho, iria chamá-lo de tonto e estúpido, porque, se traz uma mensagem do nosso senhor, deve dizê-la imediatamente, para que eu possa estar preparado para recebê-la e não deve entregar-me quando estou cochilando e, conseqüentemente, desprevenido. Ainda bem que você não é meu filho, e sim um mero criado, pois creio que você não conseguirá exercer melhor sua função, mas devo desculpá-lo." O jovem afastou-se apressadamente, muito desanimado com a advertência recebida, e contou tudo a seus jovens companheiros, de forma que em pouco tempo a notícia chegou aos ouvidos do próprio Masanori. Ele chamou o criado e perguntou sobre o assunto, e, quando ele confirmou a história, seu amo disse: "Saizo teve toda a razão em ficar nervoso diante de tal grosseria. Gostaria que todos os samurais de Aki e Bizen tivessem a mesma atitude, porque então não haveria nada que não pudessem fazer."

Equitação

Na antiguidade, todos os samurais, de alto e baixo escalão, consideravam o tiro com o arco e a equitação como as principais artes militares; porém, mais recentemente, preferem praticar com a espada e a lança e depois valorizar a arte de cavalgar. Hoje em dia é muito mais adequado que eles continuem exercitando diariamente o tiro com arco-e-flecha, o manejo da espada e o *jiu-jítsu*, juntamente com outras artes marciais, visto que, conforme vão envelhecendo, não possuem tempo para praticar o que desejam.

Portanto, desejaria ver os jovens samurais dando uma atenção especial e particular à equitação e a domar cavalos que não gostam de ser montados. Já que cavalos bons e saudáveis são uma raridade, pois ficam com os samurais de alto escalão, não é fácil encontrá-los em estábulos de gente humilde. Contudo, se um homem for considerado um bom cavaleiro e vê um bom animal de cavalaria, mas que possui uma pequena deficiência ou mau hábito, ou que somente gosta de ser montado por seu próprio cavaleiro, poderá comprá-lo por um preço muito razoável e, assim, pode estar consideravelmente bem equipado para sua posição. Aspectos como a cor e a qualidade da pelagem do animal somente podem ser exigidos pelos samurais de alto escalão; um vassalo não poderá escolher características como a cor do cavalo ou sua pelagem. Deverá, sim, comprar um bom cavalo e tentar ao máximo conservá-lo.

Há muito tempo, na província de Shinamo, vivia um certo Kakuganji da casa de Murakami, que era capitão de uma companhia de trezentos cavaleiros, todos considerados bons arqueiros. Tornou-se costume da família selecionar os cavalos que possuíam, distinguindo-os dos que eram recusados devido a alguma deficiência. Não incomodava seus cavaleiros com exercícios no hipódromo, mas saía com cinqüenta ou cem deles por terrenos abruptos em volta da cidade, onde havia muito espaço, fazendo-os galopar em todas as direções, de um lado para o outro pelo terreno. Saltavam sobre a sela e se abaixavam novamente, enquanto os cavalos iam na velocidade que os cavaleiros queriam; e cavalgavam tão bem que possuíam uma grande fama. Inclusive Takeda de Kai passou a considerar estes homens de Shinamo como inimigos, que não deviam ser desafiados impunemente, o que era um grande tributo ao treinamento de Kakuganji.

O cavalo que um guerreiro necessita para uma guerra é aquele que sobrepassar um centímetro de altura acima da média, com uma cabeça e uma garupa regulares, conforme a tradição; mas, para um pequeno vassalo que tenha apenas uma montaria, é melhor que o cavalo seja decididamente alto: não se deve importar se a cabeça é alta ou baixa, nem com o comprimento da garupa. Quanto à utilização de "truques" antinaturais e deformantes, como o de estirar os tendões das patas para que o cavalo dê passos mais largos, ou cortar o rabo para impedir que se rebele, é mostrar uma avidez pelo raro, que é muito inconseqüente com o Bushido, já que um cavalo que tenha os tendões das patas deformados se cansa rapidamente e é inútil utilizá-lo para uma longa caminhada, subindo montanhas ou cruzando rios. Um cavalo que tem os tendões e o rabo retirados fará com que o cavaleiro deslize da garupa quando o animal salta, podendo cair dentro de um fosso ou de um canal. Dizem que um lombo muito largo não é bom para passar por um caminho estreito.

Existem duas formas de escolher um cavalo para um guerreiro: uma boa e uma má. O antigo guerreiro considerava o cavalo como meio indispensável para transportá-lo quando estava vestido em sua armadura, portando sua bandeira e todos os arreios de guerra que ele sozinho não poderia levar. Podia acontecer de o cavalo ser ferido ou morto e, mesmo sendo somente um animal, seu dono sentia uma grande compaixão por ele, por isso cuidava dele e vigiava-o muito bem, mantendo sempre bem alimentado. Mas, hoje em dia, as pessoas pensam em comprar um cavalo defeituoso por ter um bom preço, e depois corrigir seus defeitos. Essa é a mentalidade de um veterinário ou de um tratador de cavalos, não mostrando nada do que consideramos ser um bom conhecedor de cavalos.

As Artes Militares

Um samurai, mesmo sendo um pequeno vassalo, deve procurar um instrutor adequado e estudar as artes militares tradicionais para saber tudo o que deve ser conhecido sobre o assunto. Alguns podem pensar que tudo isso não é necessário para um pequeno samurai, mas eu considero esta uma visão muito superficial, visto que em todos os tempos sempre houve um certo número de guerreiros que subiram de uma posição muito humilde para tornarem-se famosos como grandes generais e converterem-se em senhores de distritos e províncias. Hoje consigo acreditar que um pequeno vassalo pode tornar-se um comandante do exército. Afinal, estudar as artes militares fará dele um ser mais inteligente e menos grosseiro. Conseqüentemente, todos os samurais devem sem dúvida alguma aplicar-se a elas. Pode ser que façam um mau uso desses estudos, vangloriando-se e denegrindo seus companheiros mediante argumentos incoerentes que poderão levar os jovens ao erro, prejudicando seu espírito. Esse tipo de samurai tem um discurso cheio de palavras que podem parecer corretas e bastante adequadas, mas que, na realidade, pensa unicamente em ter vantagens, de modo que o resultado final é a deterioração do seu caráter e a perda do verdadeiro espírito samurai. Isso acontece devido ao fato de estudar superficialmente; o correto é começar a estudar e nunca parar no meio do caminho, e sim utilizar-se da perseverança até compreender todos os segredos; somente depois disso poderá voltar à sua anterior simplicidade e viver uma vida tranqüila. Mas, se gasta muito tempo nesse estudo e fica no meio do caminho, sendo incapaz de dominá-lo, não terá como voltar e obter a simplicidade anterior, e então cairá em um estado de confusão mental muito grande. E por simplicidade anterior ou ignorância quero dizer a mentalidade que se tem antes de começar a estudar as artes militares. Existe um velho ditado que fala que o molho de feijão que cheira a molho de feijão não é bom, e o mesmo acontece com os maus militares.

Capítulo II

O Governo do Lar

Se um samurai encontra coisas em sua esposa de que não gosta, deve adverti-la, para que entrem em um acordo, mediante argumentos razoáveis, ainda que nas coisas insignificantes deva ser paciente e indulgente com ela. Mas se ela demonstra uma má disposição e ele acredita que ela já não lhe serve, pode divorciar-se e mandá-la à casa de seus pais, em circunstâncias excepcionais. Mas se não o faz e a conserva como sua esposa, fazendo com que os outros se dirijam a ela com os títulos respeitosos de *okusama* e *kamisama*, e depois grita e insulta-a com todo tipo de expressões abusivas, está se comportando de uma maneira adequada a mercenário e aos criados que vivem nas ruas do bairro dos vendedores, mas certamente a um samurai que também é tido como um cavalheiro. Muito menos é uma atitude digna de um samurai armar-se contra a sua esposa, fazendo uso de sua espada, ou ameaçá-la com o punho fechado, algo ultrajante que só um samurai covarde pensaria em fazer. Porque uma garota nascida na casa de um guerreiro e que se encontra em idade de casar-se, se fosse um homem nunca toleraria, sequer por um momento, ser tratada a socos por ninguém. Não é só pelo fato de ter nascido mulher que ela deve verter lágrimas e suportar esse tipo de situação. Comportar-se de uma maneira tirânica com alguém que é considerado mais fraco que o outro é algo que um valente samurai nunca deve fazer. E aquele que gosta e faz o que um homem valente odeia e evita, pode ser qualificado justamente de covarde.

Parentes

Habitualmente, entre as pessoas que vivem no campo e os comerciantes, os filhos dos irmãos mais velhos e mais novos possuem o título de sobrinhos, e o mesmo acontece com os filhos de suas irmãs casadas, que serão tratados da mesma maneira; mas entre os samurais é diferente. Por exemplo, o filho de um irmão mais velho, que é o herdeiro, ainda que seja um sobrinho, visto que será o responsável pela casa do irmão mais velho e, portanto, é o suposto herdeiro, é respeitado como se fosse um irmão mais velho e tratado de uma maneira diferenciada. Esse não é o tratamento comum dado a um sobrinho, mas nesse caso ele é tido como um representante do fundador ancestral da família. Quanto ao segundo e ao terceiro filhos, é mais que suficiente que eles mantenham a relação normal entre tio e sobrinho, como acontece com os filhos dos irmãos mais novos. Os filhos das irmãs são tidos também como sobrinhos, mas, como são parentes colaterais, isso deve ser levado em consideração, tendo uma comunicação normal com eles, sem grandes excessos, e mantendo-os a certa distância. Os sobrinhos e os irmãos mais novos, assim como os próprios filhos, quando são enviados para longe de casa como filhos adotivos (de outras pessoas), devem ser tratados como tais. Caso o encontre em particular ou em uma reunião familiar, os cumprimentos devem ser formais e distantes, como é comum entre famílias diferentes. Porque se, depois de enviá-lo a outra casa, você seguisse tratando-o como a um filho ou irmão mais novo, a sensação que daria é a de que você teria preferido mantê-lo em sua casa; essa atitude seria vista como uma leviandade por parte dos pais adotivos e pela família. Porém o pai adotivo não é um parente e, no caso de haver uma certa desordem em sua casa e a presença de um filho adotivo tornar-se difícil, então seria correto tratar um filho ou um irmão mais novo como tais, ajudando-os e não abandonando-os.

O mesmo acontece quando sua irmã casa-se com outra família, tem um filho e o marido dela morre; então este neto torna-se o herdeiro. No que diz respeito às responsabilidades referentes às propriedades, quando você tiver de negociar com os parentes, é necessário que, de dez questões, oito ou nove sejam decididas por estes parentes. Inclusive quando o marido está vivo, se a família se encontra em uma situação ruim economicamente e torna-se um peso para os parentes, visto que sempre se faz algo quando vemos uma irmã passando por dificuldades, é correto ajudá-la.

Sobriedade

Tanto os grandes como os pequenos samurais, que trabalham para alguém, devem sempre praticar a sobriedade e ter o discernimento dessa prática, para não ter um déficit nos gastos da casa. E quanto aos que possuem amplos ingressos, se notam que estão vivendo acima de suas possibilidades, podem fazer uma mudança rápida em sua economia; e prestando atenção, economizando de um lado e reduzindo os gastos em algumas coisas, podem assim recuperar rapidamente sua solvência, porque possuem um certo excedente.

Mas, se um pequeno feudatário tenta viver como um grande vassalo e faz gastos desnecessários, incorrendo assim em dificuldades financeiras, não receberá ajuda, pois não haverá ninguém para apoiá-lo e, por mais que tente economizar, a única coisa que conseguirá é estar cada vez mais endividado, chegando à total ruína. E como os assuntos domésticos das pessoas são privados, e quem está a serviço de outros deve fazer como seus companheiros, assumindo alguns gastos necessários, será atraído por armadilhas e enganos, inclusive dizendo o que não deve ser dito e fazendo o que não deve ser feito, já que a dificuldade econômica induz, inclusive àqueles que possuem uma grande reputação, a fazer coisas fraudulentas que não dizem respeito a eles. Assim, o correto é tomar a decisão de viver conforme suas próprias condições e ter muito cuidado para não fazer nenhum gasto desnecessário, empregando o dinheiro somente no que é realmente indispensável, pois a isto chamamos o Caminho da Economia.

Mas, sobre isso, há algo que se deve salientar: não fazer outra coisa a não ser falar de economia e odiar gastar com qualquer coisa, economizando e limitando-se, em qualquer ocasião, assim como se deleitar em contar moeda por moeda, é uma atitude mesquinha. É adquirir uma mentalidade consagrada ao imundo lucro, perdendo todo o sentido de decência e chegando ao ponto de fazer o que não deve ser feito e deixar de fazer o que deve ser feito. Esse tipo de pessoa perde todos os instintos, exceto o de acumular: o que ele está praticando é a avareza, e não a economia. Por mais que possa produzir-se entre os lavradores e os comerciantes, a avareza em um samurai é algo que deve aborrecer tanto quanto economizar os Três Sagrados Tesouros. Pois se coloca o dinheiro na frente do dever e tem o hábito de pechinchar, quanto não regateará ao entregar a sua vida que é o seu bem mais precioso? Essa é a razão pela qual os antigos diziam que, na China, a moderação é considerada sinônimo de covardia.

Construção das Casas

Para um samurai que está trabalhando para alguém, o correto é que ele possua um portão e uma guarita, seu terraço e a entrada, assim como um *hall*, tão elegantes quanto o que indicam suas condições financeiras. Porque em toda a cidade surgem como traças, pessoas de todos os lugares, por curiosidade, e, se a casa do samurai possui uma boa aparência externa, demonstrando tranqüilidade, ele será conhecido como um bom homem para seu senhor e para si mesmo. Logicamente, o interior da casa onde vivem sua esposa e sua família devem ter uma boa aparência, e por mais escondida que esteja, deve ter uma boa cobertura, pois é de extrema importância gastar o mínimo possível em reparações e renovações. Já que, neste mundo agitado, até o senhor de um castelo deve ter em mente que algo poderá acontecer, as casas dos samurais que se encontram dentro do segundo e do terceiro recintos devem ser baixas, com pouca profundidade e construção de baixo custo. Os feudatários que vivem fora do recinto e talvez de tempos em tempos se vejam obrigados a queimar e destruir sua casa em situações de emergência, devem abster-se de construir algo que seja muito permanente. A construção tem de ser bem superficial, quase que um refúgio para as noites de sono. Levando em conta tudo isso (incluindo os tempos atuais de paz), um samurai que quer manter seu Bushido imaculado não considerará sua casa como uma residência fixa, nem irá decorá-la de uma maneira muito elaborada.

Além disso, quando acontecer um incêndio, ele terá de construir um abrigo o mais rápido possível. Se alguém não prevê isso e gasta muito dinheiro em sua construção, endividando-se, só pode ser visto como uma pessoa que não tem senso de medida.

Armas

Qualquer samurai que esteja a serviço de alguém deve ter uma quantidade adequada de armas guardadas. Toda casa feudal segue suas ordens militares, e as bandeiras e os estandartes adequados, os emblemas dos capacetes, as bainhas das lanças, as celas e as marcas no equipamento dos animais, tal como foi ensinado pelo senhor, devem ficar de uma maneira uniforme e cuidadosamente dispostas. Já que pode acontecer de ter de utilizá-las a qualquer momento, e isso é um sinal óbvio de falta de cuidado, provocando desprestígio perante os outros. A história militar está cheia de homens que, por ter descuidado desses pequenos detalhes, foram atacados por seus próprios aliados, foram assassinados e roubados; portanto, em hipótese alguma deve-se abandonar o cuidado com esses detalhes. Alguns podem pensar que seus seguidores provavelmente não terão de lutar contra ninguém e substituem as lâminas de suas espadas por madeira ou bambu, sendo negligentes, porque pensam que não serão surpreendidos; depois se encontram em dificuldades devido à sua falta de previsão. Um cavaleiro samurai, que recebe uma considerável remuneração e que não sabe quando poderá ser levado ao campo de batalha, por mais pacíficos que possam parecer os tempos, é 100% mais culpado (se não se provê das armas adequadas) do que um jovem servidor que não tem espada de madeira. Portanto, para evitar expor-se à vergonha pública, deve equipar-se apropriadamente para sua própria segurança. Aproveito para dar um pequeno conselho sobre este assunto:

Quando um pequeno feudatário deseja equipar-se de armadura e tem, suponhamos, três moedas de ouro para conseguir um traje, o melhor que pode fazer é gastar dois terços na armadura, deixando o restante para comprar tudo o que necessitará, como roupa interior, capa, o que se coloca embaixo do *hakama*, cinto superior, sobrecapa, garrafa de água, tigela, etc., de forma que tenha todos os acessórios de que necessita, assim como sua armadura. Mesmo que pareça jovem e forte, o melhor é evitar armaduras pesadas de ferro grosso, assim como estandartes e bandeiras pesadas, por uma boa razão: ainda que isso possa ser tolerável enquanto se é jovem e forte, à medida que se envelhece tudo isso se tornará pesado para ele. Mas mesmo um jovem pode ficar doente ou ser ferido, então a armadura de ferro mais leve tornar-se-á um grande peso e um grande obstáculo. E se por um acaso um jovem chega a ser conhecido pelo peso das bandeiras e estandartes que leva consigo, será muito difícil que as abandone quando se encontre velho e menos capaz de sustentá-los.

Sobre a Equipe dos Servidores

Um pequeno feudatário, ainda que se trate de ocasiões extraordinárias, não deve ir acompanhado de muitos servidores; portanto, não necessita ter mais que uma lança. Se esta lança se quebra, ficará sem ela. Assim, ele deve ter consigo uma folha de lança, podendo ajustá-la em um pedaço de bambu que possa ser utilizado no intervalo, já que é muito importante uma substituição no mesmo momento. Em se tratando de um pequeno prejuízo, pode oferecer uma espada fortemente amarrada e os servidores podem levá-la. Os jovens cavaleiros podem utilizar uma armadura *domaru* com um capacete de ferro, e os serventes inferiores e os ajudantes um *munekake*, com uma toalha ao redor da cabeça ou um casco de ferro, já que um pequeno vassalo deve ser cuidadoso quando vai entregar as armas a seus homens. E se você vai efetuar um ataque no qual tem de utilizar a armadura e o capacete, sua espada provavelmente se quebrará, e você necessitará substituí-la por outra. Então, a velha poderá ser utilizada por um jovem cavaleiro que, por sua vez, poderá dá-la a alguém que calce sandálias ou a um jovem de cocheiras.

Samurais

Visto que os samurais são oficiais cuja principal tarefa é destruir os rebeldes e os elementos que causam desordens, assim como dar paz e segurança às três classes sociais da cidade, até o menos importante dos que levam este título não deve jamais cometer nenhuma violência ou injustiça contra essas classes. Não deve exigir mais impostos dos lavradores do que o habitual, nem obrigá-los a fazer um serviço forçado. Não devem encomendar artigos aos artesãos e depois não pagá-los, nem deve utilizar-se dos pertences dos habitantes da cidade e dos comerciantes e depois deixar que esperem o dinheiro devido; também é absolutamente incorreto emprestar dinheiro e cobrar ágio sobre o que foi emprestado, como se fossem simples companheiros de dormitório. Os samurais sempre devem ser considerados amáveis para com os lavradores que trabalham em suas próprias terras e cuidadosos de que eles não cheguem a arruinar-se. Ainda que não possam pagar todas as dívidas deles de uma só vez e possam negociar com os habitantes da cidade e com os comerciantes, certamente devem pagar-lhes algo de vez em quando, para que assim essas classes não tenham perdas e infortúnios. Os samurais, cujo dever é castigar os bandidos e ladrões, não devem imitar o procedimento dos criminosos.

O Significado da Vergonha

Ao falar de trabalho, há uns cinqüenta ou sessenta anos, os samurais que não possuíam um senhor diziam que um homem apenas poderia manter um cavalo se tivesse um salário em torno de quinhentos *koku*, e que ninguém poderia manter apenas um animal meio morto de fome, se ganhasse trezentos. Se o interesse era obter um soldo* de cem, descreviam isso como algo que somente permitiria manter uma lança oxidada. Porque, até então, ainda sobrevivia o antigo estilo dos samurais e não era correto mencionar cifras e dizer que alguém tinha tantos *koku* de salário. "Um falcão pode até estar morrendo de fome, mas não tocará num grão sequer", e "pode ser que o samurai não coma nada, mas utilizará os seus palitos de dentes." São ditos populares que ilustram seu sentimento. Os jovens nunca falavam de perdas e ganhos nem mencionavam o preço de nada, e ficavam envergonhados se ouvissem alguma

* *Quantia básica, de referência, para pagamento de Militar (N. do T.).*

conversa sobre assuntos amorosos. Ainda que talvez não os entendam, penso que todos os samurais deveriam admirar e estudar esses antigos ideais. "Ainda que um homem torça o nariz, se for possível respirar por ele, então tudo estará bem". Essa é a forma como devemos considerar essa questão.

Escolha de amigos

Para um samurai que está a serviço de alguém é de extrema importância que se associe e faça amizade somente com aqueles que são considerados valentes, cumpridores do dever, sensatos e influentes. Mas como homens desta classe não são muito numerosos, pode ser que só encontre um dentre vários amigos em quem poderá confiar totalmente em tempos de necessidade. Geralmente, um samurai não deve ter nenhum amigo íntimo entre aqueles com quem ele se sente à vontade, incluindo aqueles com os quais prefere comer, beber e sair. Porque, a partir do momento em que se descobre um espírito bondoso e nasce uma grande amizade, o samurai pensará que ele será um companheiro inseparável e divertido, podendo levá-lo a comportar-se de uma maneira imprópria, tratando-se mutuamente sem nenhuma cerimônia, deixando com que um se encoste no outro, passando suas noites cantando alto e em baladas *joruri*, fazendo uso de termos muito familiares no momento de dirigir-se um ao outro; em um determinado instante demonstram uma grande intimidade, mas em um outro momento, por insistirem em alguma ninharia, podem provocar uma disputa e não se falarem mais. Em seguida, podem se reconciliar rapidamente, sem sequer empregar os bons ofícios de um conciliador, como é habitual. Essa falta de dignidade mostra que, ainda que externamente alguns possam parecer samurais, seu espírito é como o de um bóia-fria.

Amizade

A confiança é uma das qualidades do Caminho do Guerreiro que é exigida de um samurai, mas não é aconselhável que este ofereça sua ajuda sem nenhuma razão especial, que se ofereça para intervir em assuntos que não têm importância ou atraia sobre si obrigações que não lhe dizem respeito, somente por ter dado a sua opinião. Se ninguém pedir que ele intervenha, o melhor a fazer é manter a distância. Porque, se um samurai se envolve em pequenos assuntos, pode interferir tanto ao ponto de colocar sua própria vida em perigo, e esta deve estar à disposição de seu senhor e de seus pais. Por isso, afirmo que não deve intrometer-se sem necessidade.

Quando se pedia aos samurais de antigamente um favor, estes pensavam se poderiam ou não concedê-lo e, em último caso, recusavam o pedido. E, se aceitassem fazê-lo, só o fariam depois de uma cuidadosa reflexão, de modo que se encontravam bem preparados para prosseguir, e tudo se ajeitava rapidamente. Assim, eram resolvidas as dificuldades do requerente e o benfeitor obtinha grandes elogios. Se, ao contrário, alguém pega para si a responsabilidade sem pensar, será incapaz de prosseguir e ganhará uma má reputação por não ter tido princípios no momento necessário. Aliás, apenas depois de uma madura consideração é que se pode dar um conselho ou opinião. Pois ainda que os pais, professores, irmãos mais velhos, tios e outros possam dar um conselho inconveniente a seus filhos, alunos, sobrinhos, sem causar muito prejuízo, tudo o que sai da boca de um samurai deve ser minuciosamente vigiado e considerado. E, particularmente, deve ser um dos mais ajuizados nas palavras ditas a seus amigos e companheiros. E quando é escolhido para dar sua opinião, logicamente pode dizer que não possui nenhuma opinião sobre o assunto, negando-se a discuti-lo. Mas, se ele faz parte da discussão, será útil que diga clara, sucinta e exatamente o que pensa sobre o assunto, sem levar em conta o fato de que poderá haver desaprovação ou ressentimento demonstrado por outros. Se, por debilidade, por medo de enfrentar pessoas ou ofendê-las, mostra-se em dúvida e grosseiro, afastando-se do que é justo e concordando com o que não é racional, e para evitar uma ruptura permite que digam coisas inconvenientes, impondo pesos sobre os outros, será considerado um conselheiro inútil, será caluniado e despedido. Se alguém é tão tonto a ponto de pensar que é um personagem muito importante para tomar parte em uma conspiração, argumentando que não existe necessidade de consultar ninguém e quer decidir tudo conforme a sua opinião, e ao fazê-lo produz uma confusão geral, é muito provável que como conseqüência não seja muito popular entre os seus considerados "iguais".

Ruptura das Relações

Um samurai que está trabalhando para algum amo pode ter entre seus conhecidos ou companheiros alguém com o qual, por alguma razão, não queira associar-se. Mas, se o seu senhor lhe ordena servir tal pessoa, imediatamente deve acudir a ela e dizer-lhe: "Meu senhor me deu ordens de servi-lo, e ainda que até o momento não estejamos de acordo, confio em sua cooperação, para que possamos levar a cabo nossas obrigações, de maneira adequada e sem nenhuma dificuldade."

E se o outro é mais antigo no cargo, pedirá que lhe outorgue a sua amável instrução. Se, no dia seguinte, ele for transferido a alguma outra posição, então terão de voltar a seus antigos fins, mas, nesse meio tempo, devem estar de acordo em trabalhar juntos, com cordialidade, em seus deveres oficiais. Essa é a conduta correta de um samurai. Ainda mais entre companheiros que não possuem impedimentos, deveria existir sempre a cooperação recíproca quando estão trabalhando juntos! Mas aqueles que estão lutando sempre pelo poder, e quando os demais são novos neste posto e desconhecem os detalhes, carecem da bondade de coração para prestar-lhes assistência e ajuda, com o objetivo de que funcionem eficazmente, e inclusive que se regozijem quando cometerem erros, mostram um espírito mesquinho e suscetível de toda censura. Esse é o tipo de samurai que será capaz de fazer alguma estratégia suja, como voltar-se contra seu próprio bando quando se encontrar em uma situação difícil, mas qualquer coisa desse tipo deve ser totalmente evitada.

Reputação

Um samurai deve ler continuamente as antigas façanhas para poder fortalecer seu caráter, já que essas obras, que são famosas em toda parte, como o *Koyo Gunkan*, o *Nobunagaki* e o *Taikoki*, relatam batalhas com descrições detalhadas e nomes dos que fizeram proezas, assim como o número de mortos. E, entre estes últimos, os grandes vassalos devem presumivelmente estar presentes em um número considerável, mas na realidade não são tão notáveis por seu valor, e seus nomes não foram registrados. Inclusive, entre os pequenos vassalos, somente aqueles cujo valor marcial era proeminente tiveram seus nomes inscritos para a posteridade. E tanto os que caíram e não deixaram nenhum nome como aqueles cujas façanhas são famosas através dos tempos, sentiram a mesma dor quando suas cabeças foram cortadas pelo inimigo. Consideremos este assunto. Visto que um samurai tem de morrer, sua meta deve ser a de levar adiante alguma grande façanha de valor que possa assombrar amigos e inimigos, e fazer com que sua morte seja lamentada por seu senhor e comandante, deixando atrás de si um grande nome para as gerações posteriores. Muito diferente é o destino do covarde, que é o último a atacar e o primeiro a retirar-se e que, em um ataque a uma fortaleza, utiliza seus companheiros como escudo contra os disparos dos inimigos. Alcançado por uma flecha, cai e tem uma morte comparada a de um cachorro, podendo inclusive ser pisoteado por seu próprio bando. Essa é a maior desgraça para um samurai, e nunca deve ser esquecida, e sim considerada seriamente, dia e noite.

Fanfarrões e Difamadores

Estes dois tipos podem parecer muito semelhantes, mas na verdade são bem diferentes. Antigamente, havia muitos samurais que tinham a reputação de ser fanfarrões, por exemplo Matsudaira Kagaemon e Okubo Hikozaemon, ambos oficiais da guarda do *xogum*. Naquele tempo, cada *daimyo** tinha vários samurais desse tipo. Eram homens com grandes e muitas façanhas executadas e sem nenhuma falha no Caminho do Guerreiro, mas em algumas ocasiões mostravam-se obstinados, tornando-se difíceis participantes de uma conferência. Quando eram pressionados por suas condições de vida e surgiam alguns incidentes sobre a falta de correspondência entre seu soldo, seu cargo e sua grande reputação, ficavam temerosos e diziam o que queriam, sem nenhuma consideração aos que ali estavam presentes. Mas o seu senhor, os conselheiros e veteranos do seu clã relevaram o comportamento deles, sem prestar-lhes atenção, e eles tornavam-se cada vez mais obstinados, dizendo a

**Senhor feudal (N. do T.).*

quem quer que fosse o que pensavam de suas boas e más qualidades, sem cautela e sem desculpas, e desse modo faziam até o final de seus dias. Assim eram os fanfarrões de antigamente: homens que traziam consigo uma bagagem de grandes façanhas. Mas os fanfarrões de hoje são indivíduos que passam a maior parte do seu tempo sentados com os amigos e conhecidos, falando sobre os defeitos do governo de seu senhor e destacando as falhas dos conselheiros e encarregados, sem omitir as más ações dos seus próprios companheiros, ao mesmo tempo em que sua própria superioridade se encontra recalcada. Cabeças vazias são um mundo à parte, que não tem nada a ver com os fanfarrões de antigamente, e deviam ser adequadamente qualificados de difamadores ou estúpidos valentões.

Viagem

Quando um samurai está viajando a serviço de alguém, se é um pequeno vassalo, deve cavalgar com o equipamento de provisão. Se estes caem, deve atá-los junto a suas espadas, para que assim não deslizem para fora da bainha. Mas atar o cabo da espada comprida a uma grossa trouxa, com uma toalha de noventa centímetros, é algo que não deve ser feito. O mesmo pode ser dito do ato de unir o cabo de uma lança a uma corda grossa para levá-la consigo. Não deve haver o menor descuido nessas coisas. E, se você coloca em sua bagagem sinais ou etiquetas "Vassalo do Senhor X", pode parecer falta de respeito em relação à sua casa. E quando, como é de costume nas viagens atuais, obtém-se um cavalo diretamente do moço do estábulo, se o cavaleiro anterior for um samurai, você deve esperar até que o cavalariço dê o sinal de que ele desmontou de seu cavalo. E a razão disso é simples: se você desce ao sinal do cavalariço e permanece em pé, o outro será obrigado a mudar sua montaria, ainda que não tivesse essa intenção. E se um deles teve de se incomodar e descer de um cavalo, poderá sentir-se envergonhado se tiver de montá-lo novamente.

Ao cruzar rios no caminho, deve-se sempre contratar um especialista, porque, se você acredita ser um conhecedor das águas ou pensa em economizar, cruzando o rio sem um especialista, seu cavalo poderá cair, seu equipamento se molhará e poderá acontecer de alguém se ferir, e isso parecerá uma grande estupidez.

O mesmo acontece quando se tem a idéia de encurtar a viagem: se você está cavalgando até o Yokkaichi ou pega um bote em Awazu, será um pouco tolo. Já que decidiu ir de barco desde Kuwana e o tempo está feio, terá alguma desculpa, mas se você faz grandes esforços para tomar um atalho e acontece algum contratempo, não terá nenhuma desculpa. Assim sendo, os antigos versos aconselham:

Por acaso o guerreiro pensa
que o vau de Yabase
é o caminho mais curto?
Deveria ser do seu conhecimento que o caminho mais curto
passa pela Ponte Seta.

E esse princípio de que o caminho mais comprido é o mais curto não é aplicado somente às rotas. Deve-se mantê-lo em mente em relação a tudo.

Difamação

Um samurai que esteja a serviço de um senhor deve ser sempre muito cuidadoso para não cair em censuras fúteis a respeito de alguma falta de seus companheiros que ele possa chegar a ouvir ou a ver, já que um homem não pode calcular até que ponto pode, sem querer, ter se equivocado ou ter mal interpretado essas coisas. Os oficiais do clã, e particularmente os conselheiros e oficiais superiores, são os porta-vozes dos pontos de vista do seu senhor; assim, qualquer crítica a respeito deles recai sobre este último. Talvez, algum dia você tenha de acudir a eles para pedir algo e considerar seu estado de humor, unir as mãos em sinal de súplica, ficar de joelhos e humildemente solicitar um favor, de repente ter de mudar seu tom quando, justamente antes, esteve criticando alguém por suas costas; é uma categoria de conduta que nenhum samurai deve observar, por mais grave que seja o assunto.

Substituto de Guerra

No período da guerra civil, quando as batalhas eram contínuas, se um samurai fosse morto depois de um bonito combate ou morresse devido às feridas recebidas na luta, seu senhor ou comandante, em consideração a seus serviços, permitia a seu filho, se tivesse e fosse jovem, herdar seu posto e o seu pagamento.

Mas se esse filho fosse somente uma criança e não pudesse realizar nenhum serviço militar, o irmão mais novo por parte de pai, se não trabalhasse para ninguém, herdava o posto do irmão mais velho e era nomeado, por seu senhor, membro da sua guarda. E então se tornava conhecido como *jindai* ou "substituto de guerra".

Referente a isto havia um antigo costume. Neste caso, mesmo tomando o posto do irmão mais velho, devia considerar o filho de seu irmão como o seu próprio filho, ainda que fosse realmente seu sobrinho, encarregando-se dele e educando-o como tal.

E, em posse da responsabilidade do filho mais velho, recolhia todas as armas, armaduras, arreios do cavalo e todos os bens pertencentes a ele e, com um ou dois membros da família, contabilizava tudo cuidadosamente, registrando as posses em um livro.

Depois, quando a criança houvesse crescido, até os quinze anos, e de modo que no ano seguinte fosse converter-se num cavaleiro independente, passando a fazer parte dos jovens vassalos, o correto era fazer uma petição solicitando a permissão para trabalhar para o seu senhor e ter o salário que lhe havia sido concedido. Conforme a qualidade da pessoa, essa petição era outorgada, ou também, em consideração à sua juventude, era pedido ao guardião que trabalhasse alguns anos a mais. Por mais que fosse insistente essa sugestão, poderia ser recusada e, quando a petição fosse concedida, era apresentado o inventário das propriedades que havia sido previamente feito, entregando todos os bens pessoais do pai morto. E todos os bens que foram adquiridos durante o tempo em que trabalhou como membro da guarda deviam fazer parte da lista e ser entregues. O substituto de guerra poderia ter designado para si parte dos pagamentos, por exemplo, duzentos *koku* de um total de quinhentos, e o restante (trezentos) ficaria para o seu sobrinho. Isso era sinal de boa sorte para ele, mas não era considerada tão boa sorte para a casa principal, cuja renda ficava diminuída; assim, ele devia solicitar que as rendas originais de seu irmão mais velho fossem doadas totalmente a seu herdeiro. Essa é a conduta adequada para um samurai que se converte em um substituto de guerra. Por outro lado, existe aquele que não está disposto a transferir ao seu herdeiro o que lhe é de direito ou, quando o faz, deixa as propriedades e a casa em más condições, não fazendo nenhum esforço sequer para restaurá-las. Pior ainda, pode repassar ao herdeiro dívidas que seu pai não possuía, além do incômodo causado pelo fato de estar continuamente pedindo-lhe empréstimos ou coisas semelhantes. Um homem assim é considerado um ladrão sem princípios.

O Final

O samurai, tanto o grande como o pequeno, de alto ou de baixo escalão, deve ter em mente como irá enfrentar o seu final inevitável. Por mais inteligente ou capaz que tenha sido, se demonstra inquietude e descompostura, oferecendo assim um pobre espetáculo quando chega o momento de enfrentar-se, suas façanhas serão como água e as pessoas decentes irão depreciá-lo; assim ele sentirá o sabor de ser e estar coberto pela vergonha.

Quando um samurai entra numa batalha e realiza valentes e esplêndidas proezas, adquirirá uma grande fama por ter decidido morrer. E se, por desgraça, leva a pior e ele e a sua cabeça têm de separar-se, quando o seu adversário pergunta o seu nome, ele deve dizê-lo imediatamente e em voz alta e clara, erguer a cabeça, com um sorriso nos lábios e sem a menor demonstração de medo. E se for ferido gravemente e nenhum cirurgião puder fazer nada por ele, e, se ainda estiver consciente, o procedimento adequado para um samurai é o de responder às perguntas feitas pelos oficiais superiores e por seus companheiros, informando-os de como foi ferido e depois aceitar sua morte.

Em tempos de paz, o samurai decidido, particularmente se é velho, mas também se é jovem ou possui uma doença grave, deve mostrar firmeza, atacando sem se importar com sua própria vida.

Independentemente de ocupar um alto cargo ou não, enquanto puder falar deve solicitar a presença de seu oficial superior e comunicar-lhe que, como desfrutou por tanto tempo de sua consideração e de seus favores, conseqüentemente deseja levar adiante seus deveres, mas que infelizmente foi atacado por uma grave doença e encontra-se incapaz de continuar seu trabalho; e, como se encontra à beira da morte, gostaria de demonstrar sua gratidão e confiança de que será lembrado com respeito perante os conselheiros do clã.

Depois de ter feito isso, deve despedir-se de sua família e de seus amigos e explicar a eles que não é digno de um samurai morrer doente após ter sido o recebedor de grandes favores por parte de seu senhor e durante tantos anos, mas que infelizmente neste caso é inevitável. Mas os que são jovens devem continuar com seus deveres perante o seu senhor, aumentando sempre essa lealdade, para servi-lo com toda a força que possuem. Se fracassarem ou atuarem de uma forma desleal ou indevida, seu espírito iria repudiá-los e seriam deserdados. Essa é a maneira como um verdadeiro samurai se despede.

Nas palavras dos sábios também está escrito que quando um homem está a ponto de morrer, suas palavras devem ser de tal natureza que, no mínimo, sejam justas. Assim deve ser o final de um samurai: é bem diferente daquele que nega sua própria doença, preocupando-se com a morte; daquele que se alegra se os outros lhe dizem o quanto melhorou e não gosta que lhe digam que está piorando; existe também aquele que procura todos os médicos possíveis, uma grande quantidade de orações e serviços inúteis, colocando-se em uma situação de agitação e nervosismo. E, conforme vai piorando, não diz nada a ninguém, igualando-se a um gato ou cachorro. Isso acontece porque não manteve a morte perante os seus olhos, como recomendei que fizesse no primeiro capítulo, e sim a máxima distância dela, como se fosse um grande azar, preferindo pensar que viverá para sempre, agarrando-se à existência. Quem entra em uma batalha com esse espírito covarde provavelmente não terá uma morte gloriosa; assim, quem valoriza o ideal do samurai deve prever que sabe como morrer adequadamente.

Capítulo III

Trabalho

Quando um samurai está trabalhando, pode acontecer de seu senhor necessitar de uma parte dos salários de seus criados por alguns anos.

Neste caso, independentemente da quantidade ser ou não grande, é antiético que um samurai faça qualquer tipo de comentário na intimidade, com sua família ou fora dela. Pois, desde a antiguidade, é costume dos criados unirem-se para ajudar o seu senhor em tempos de necessidade, visto que ele sempre esteve pronto para ajudá-los. E quando um senhor se vê pressionado por dívidas a ponto de afetar suas obrigações públicas, impedindo-o de levar adiante o que é próprio de um *daimyo*, tendo de renunciar a elas, a contrariedade já faz parte dele, tornando-se algo doloroso de ser visto por seus empregados.

Aparentemente, pequenos assuntos podem seguir sem grandes preocupações, mas suponhamos que amanhã ocorra um contratempo na fronteira da província e que nos seja ordenado que tomemos nossas posições de ataque: a primeira coisa de que iremos necessitar será de dinheiro.

Mas, por mais inteligentes que sejamos, não podemos tê-lo imediatamente; da mesma forma que um homem com a mão presa embaixo de uma pedra não pode movê-la em qualquer direção, seria difícil não fazer algo, já que os outros *daimyos* estão prontos para começar no dia fixado; este dia não pode ser alterado, de modo que todos aqueles que não estão preparados como nós carecem de qualquer desculpa para colocar-se a caminho.

Em tempos de paz, um desfile militar é um espetáculo de valentia; as pessoas que vivem no interior vão em massa para as cidades, com o único objetivo de ver o desfile, já que ali estarão ao alcance dos olhos de todas as classes sociais. Mas, se nossa formação é inferior a dos que ali estão, isso acarretará uma vergonha descomunal ao nosso senhor e seus capitães. Assim, quando consideramos tudo isso e sua importância, todos os samurais, sejam grandes ou pequenos, os velhos feudatários e os recentes não devem faltar no momento de contribuir com uma parte de seu salário. Durante esse período, cada um deverá utilizar a cabeça e esforçar-se para restringir o número de cavalos e vestir-se de algodão *katabira* no verão. Pela manhã e à noite, devem consumir somente farelos de arroz ou o próprio arroz em grão, sem descascar, com *misoshiru*; todos devem partir sua própria lenha, transportar sua própria água, fazer com que sua esposa cozinhe o arroz, e suportar qualquer dificuldade, já que é dever de todos os que estão trabalhando para o seu senhor dirigir todas as suas energias para manter os assuntos em ordem. Se nos resignamos a todas essas dificuldades, inclusive nesse período de escassez, podemos satisfazer qualquer necessidade especial do nosso senhor e aumentar os gastos de emergência. Pois você pode, por exemplo, vender sua segunda espada e a caixa de costura de sua esposa, e com o dinheiro obtido não terá necessidade de endividar-se. Ainda que isso não chegue ao conhecimento de seu senhor ou seus conselheiros e os oficiais superiores o desprezem por isso, é totalmente inconcebível que alguém possa pensar mal de um samurai que teve seu salário reduzido.

Obrigações de um Vassalo

Um samurai a cavalo e que é favorecido com um salário pelo seu senhor não deve afirmar que a vida lhe pertence. Existem duas classes para aqueles que prestam serviços militares.

Há os pequenos feudatários e *chugen,* ou assistentes, e outros desta mesma categoria que não possuem nenhum dia ou noite livres; a única coisa que devem fazer é trabalhar arduamente, mas não têm a obrigação de dar sua vida por seu amo e, portanto, não podem ser considerados culpados se não estão especialmente treinados ou experientes no que se refere a exercícios marciais, já que, na realidade, são somente empregados que vendem seus esforços como trabalhadores e nada mais.

Mas os *bushis,* ou samurais, são completamente diferentes, porque são servidores que entregam sua vida. Seu senhor é também tido como um vassalo, mas em posição diferente, visto que, caso surja algum problema no império, ele também deve prestar serviço militar adequado à posição que ocupa. Isso quer dizer que, se possui um feudo de cem mil *koku*, tem de dispor de 170 cavaleiros, 60 arqueiros a pé, 350 profissionais em bodoques, 150 lançadores e 20 porta-estandartes, segundo o estatuto do governo do *xogum*. Além dessas cifras, o número de homens dependerá da capacidade de seu comandante. Além da tropa que deve acompanhá-lo na guerra, ele deve deixar um número suficiente de homens na sua cidade, para protegê-la de qualquer ataque.

Assim, ainda que não sejam necessários continuamente, deve-se manter um grande número de samurais de toda e qualquer categoria. Entre estes, existem alguns que são incapacitados, nasceram paralíticos ou um pouco tolos, mas esses defeitos se tornam irrelevantes, e eles continuam recebendo seus salários hereditários. Como conseqüência, o que um vassalo deve ter em mente é a quantidade de feudatários de todos os senhores de províncias e castelos de todo o império japonês que estão vinculados a seus senhores por esses recíprocos laços de afinidade, recebendo deles um pagamento considerável. Assim, por exemplo, se um pequeno salário chega a cem *koku*, em dez anos ascenderá a mil *koku*; se a família foi paga por várias gerações e décadas, quanto será o total desse dinheiro? E, em troca desse grande favor, o feudatário cumpre seu dever em tempos de paz como guarda oficial de companhia ou inspetor, um posto ordinário de atividade um tanto irrelevante.

Mas, a qualquer momento, pode ser chamado subitamente à força armada, e então teria de retomar seu posto como chefe de lançadores; ou, se o castelo for atacado, como cavaleiro de linha de frente; ou, se ocorre um contratempo, como retirada da retaguarda; ou, se suas qualidades estão à altura, talvez possa ser substituído por seu senhor ou comandante, dando sua vida por eles, lançando-se em direção ao inimigo sob uma chuva de flechas, tendo assim uma esplêndida morte. Então, coloca-se em posição de destaque o sentido mais profundo do trabalho de um samurai, quando este fortalece sua postura e resoluto grita:

"*Marishiten*, quero que testemunhe uma façanha inigualável!" Visto que, para chegar a esse ponto de devoção, não pode dizer que o seu corpo e sua alma lhe pertençam, mas estão a serviço de seu senhor, o samurai deve ter um elevado cuidado com a sua saúde, preocupado em não prejudicá-la comendo e bebendo em excesso ou mantendo relações sexuais; tampouco deve considerar a morte no leito de casa como um final apropriado. Deve estar sempre atento e preparado para as disputas ou brigas com seus companheiros, que poderão conduzi-lo a confrontos e desordens inúteis, de uma forma desleal e indevida. Por isso, é essencial que se pense antes de falar, porque as palavras surgem das disputas. E quando as disputas se tornam ferrenhas, é fácil que a injúria seja produzida, e quando um samurai lança uma injúria a outro, o assunto dificilmente acabará de uma maneira amistosa. Portanto, se existe algum risco de disputa, lembre-se de que sua vida não lhe pertence, e sim a seu senhor; controle, pois, o seu temperamento, para que o assunto não alcance proporções em que o controle já não exista, pois este é o dever de um samurai discreto e leal.

Obrigações do Samurai

As obrigações dos samurais são divididas em duas categorias: militares e construtivas.

Quando o país está em guerra, deve permanecer no acampamento e nos campos dia e noite, sem ter um momento sequer de descanso. E é no acampamento que fazemos a associação da parte construtiva, visto que todas as divisões devem trabalhar continuamente e o mais rápido possível, esforçando-se no que diz respeito a fortalezas, buracos, acampamentos sitiados e postos de linha de frente fortificados.

Mas, em tempos de paz, não existe esse tipo de dever no acampamento e, conseqüentemente, nenhuma necessidade de construção. Os samurais em postos abaixo de seus comandantes possuem obrigações fixas, como guardas, escoltas, inspeções e similares, e então chegam a considerar essas funções sedentárias como normais de uma família de guerreiros, pensando que o serviço de campo é somente um sinal do passado. Quando se oferece aos *daimyos* a honra de assistir o governo do *xogum* em seus edifícios, o gasto disso é tão grande que parte do pagamento a seus feudatários deve ser repassado, e eles fazem uma contribuição utilizando uma porcentagem de seus salários. Surgem então má vontade e protestos, como se fosse uma cobrança injusta, porque não se dão conta de que participar, tanto em atividades militares como construtivas, é um dever normal de um samurai. Infelizmente, consideram as obrigações rotineiras em tempos de paz como um trabalho penoso, colocando a culpa em alguma doença, ainda que não exista, e pedindo que alguém os substitua, sem preocupar-se com os incômodos que causam aos demais. O mesmo acontece quando são convidados para trabalhar como inspetores itinerantes: reclamam do cansaço da viagem e de seus gastos e pedem dispensa por motivo de doença, passando o problema e os gastos a seus companheiros, sem envergonhar-se disso. Inclusive quando são enviados a um lugar não muito distante, queixam-se abertamente por ter de sair duas vezes ao dia, ou também reclamam das condições desfavoráveis relacionadas ao tempo. As pessoas que realizam seu dever com esse espírito mesquinho, como se fosse uma imposição, não são outra coisa que cavalariços e criados disfarçados de samurai.

Os guerreiros que nasceram na época da guerra civil estavam sempre no campo, dentro de sua armadura, em meio a uma ventania de inverno, empapados pela chuva e cobertos de neve. Dormiam em locais ermos e colinas, faziam de travesseiro um pedaço de malha e, para comer ou beber, o que havia era arroz com casca e sopa salgada. Independentemente de ter de lutar no campo de batalha, como atacar uma fortaleza ou defender-se, não tinham tempo nem para pensar se o que faziam era um esforço ou uma prova: pensavam somente no trabalho rotineiro de cada dia. Quando pensamos sobre isso e sobre como nós, que nascemos em tempos de paz, podemos dormir protegidos por um mosquiteiro no verão e cobrirmo-nos com mantas no inverno e, ainda por cima, poder comer qualquer coisa dos tempos atuais, devemos nos considerar totalmente felizes. Mas não existe nenhuma razão para vermos como um peso o dever de guardar as portas da parte interna do castelo ou o de inspecionar ao redor. Existiu um certo Baba Mino, um veterano famoso da casa de Takeda de Kai, que escreveu e pregou na parede, como máxima de sua vida, quatro caracteres que significam: "O campo de batalha é minha morada."

Atenção

Qualquer pessoa que receba de presente de seu senhor um *kosode** ou *kamishimo*** com o brasão dele, deve ter o cuidado, quando estiver com ele, em colocar um *kamishimo* com seu próprio brasão, ou se o que ele tem é um *kamishimo* com o brasão de seu senhor, então deve colocar um *kosode* com o seu. Porque se leva um presente apenas com o brasão de seu senhor pode ser confundido com um parente e isso seria descortês. Quando essas prendas que possuem o brasão do senhor tornam-se velhas, devem ser cortadas e guardadas, para que não sejam tratadas com desrespeito.

Por outro lado, quando qualquer um de seus vizinhos é muito velho e lastima-se, ainda que você não tenha uma relação mais íntima com ele, deve ter o cuidado para não cantarolar nenhuma música que demonstre o seu prazer no ato de cantar, ou fazer com que seus risos sejam ouvidos, e deve repassar isso à sua família, ordenando-lhes que façam o mesmo. Isso não é somente devido ao fato do que possam pensar, mas também para evitar a vergonha de ser menosprezado pelos vizinhos e companheiros como homem grosseiro e sem educação.

* *espécie de quimono com mangas curtas (N. do T.).*

** *peça de vestuário sem mangas usado sobre o quimono (N. do T.).*

Antecedentes familiares

Um samurai a serviço de alguém, inclusive os vassalos recém-chegados, e mais ainda os veteranos, devem conhecer a história de seu senhor, suas origens, seus antecedentes, seus antepassados, suas relações e os relatos das façanhas de qualquer companheiro que conseguiu sobressair na história. E isso ele deve fazer perguntando aos membros que estão no clã há mais tempo. Porque, quando se encontra com um forasteiro ou, em uma conversa, demonstra não ter o conhecimento necessário, mesmo sendo considerado um bom vassalo em todos os outros aspectos, não será muito estimado por ter pouco conhecimento histórico sobre seu senhor.

Escolta

Quando um samurai acompanha seu senhor em uma viagem e ambos chegam a um posto militar, é de extrema importância que, antes que o sol se ponha, o samurai se encarregue de fazer perguntas aos habitantes da localidade, inteirando-se da existência de qualquer colina, bosque, santuário ou templo e se oriente para averiguar em que direção, a partir de seu alojamento, existe algum espaço aberto e quais são as condições do caminho.

Isso deve ser feito porque, se forem surpreendidos por um incêndio durante a noite e seu senhor tiver de escapar, que o samurai seja capaz de indicar o caminho e saber como e para onde guiá-lo.

E, quando acompanha o seu senhor a pé, tem de se lembrar que sempre deve estar caminhando à sua frente quando sobe uma colina e atrás dele quando descem uma ladeira. Pode parecer uma bobagem, mas é algo que um vassalo não pode esquecer, já que é obrigação de um samurai estar atento e pensar em como pode prestar qualquer serviço possível à tarefa que lhe foi incumbida.

Funcionários

Existe um ditado que diz que os oficiais e as roupas brancas são melhores quando estão novos e, ainda que seja somente uma brincadeira, na minha opinião, acredito que tenha total fundamento, já que um *kosode* branco é muito bonito quando está novo, mas, depois de algum tempo, primeiro a gola e os punhos das mangas se sujam e, depois, adquirem uma cor acinzentada que é muito desagradável.

O mesmo acontece quando os funcionários são novos e inexperientes: obedecem às ordens de seu senhor pontualmente, prestam atenção ao menor detalhe, pois levam em conta os castigos que sofrerão se transgredirem as leis. Assim , eles servem sem cobiça e com honra, e todos os membros do clã falam bem deles.

Mas, depois de ter estado em um mesmo posto durante muito tempo, utilizam-se da prudência no momento de permitir algo às pessoas, chegando a ter uma elevada opinião de si próprios, até o ponto de realizar atos um tanto grosseiros que nunca haviam cometido. Afinal, quando eram novos no cargo, limitavam-se a apalpar e devolver os presentes que ganhavam, como exige o juramento ou, se existisse alguma razão especial pela qual devessem aceitar o presente, não passavam muito tempo sem oferecer à mesma pessoa que o havia presenteado algo do mesmo valor. Contudo, com o tempo, surge neles um espírito de cobiça cada vez maior e, ainda que declarem que não aceitam nada e mantenham uma aparência honrada, trata-se apenas de um pretexto e seus escrúpulos aparentes são rapidamente superados, aceitando os presentes e, para pagar a gentileza, roubam o governo e ditam decisões parciais.

E essa desonra é exatamente o mesmo que a cor suja de uma roupa branca, mas a diferença é que a sujeira de uma roupa pode ser retirada depois de lavada, enquanto que a mancha no coração de um homem fica tão impressa que é difícil de ser retirada. E que uma roupa seja lavada duas ou três vezes ao ano já é suficiente, mas o coração de um homem tem de ser continuamente purificado, limpo e enxaguado, quando dorme e quando está acordado, a cada dia, sem exceção, e ainda assim é facilmente manchado. O mesmo cuidado utilizado no manuseio do alvejante nas roupas é tido na limpeza do coração de um samurai. E a prática, neste ponto, é a dos três princípios de Lealdade, Dever e Valor, enquanto que o alvejante deve variar conforme a natureza da sujeira.

Pois alguns cederão no que se refere à fidelidade e outros no que diz respeito à constância e, ainda que se possa alegar que há lealdade ou o cumprimento do dever, existe uma mancha que está tão fixa que nem sendo lavada será retirada. Mas, se a essas virtudes é acrescentada a prática intensa do valor, a desonra pode ser totalmente apagada. E esse é o segredo mais profundo da purificação do coração de um samurai.

Autoridade Emprestada e Autoridade Roubada

Podemos dizer que um samurai que está trabalhando para alguém pegou emprestada ou roubou a autoridade de seu senhor. Quando um vassalo possui um importante cargo, se é jovem ou de posição humilde, poderá ficar incomodado com os costumes sociais ou com a moda do momento e ter de continuar com suas obrigações sob a proteção autoritária de seu amo. Assim, temporariamente a exercerá em benefício de seu senhor. Trata-se de uma autoridade emprestada e, se com a sua assistência leva adiante as intenções de seu senhor e beneficia as pessoas e a devolve novamente, isso significa que a usou corretamente, ao cumprir seu dever com a apropriada circunspeção. Mas se, ao ver que seus companheiros e também os forasteiros o tratam com respeito e dirigem-se a ele como "Sua Excelência", "Honrado", etc., começa a cobiçar a dignidade e está pouco disposto a abandoná-la, então pode ser descrito como alguém que a rouba.

E, no que diz respeito ao outro aspecto, de um senhor que empresta sua autoridade e outorga seu prestígio aos feudatários, vemos que antigamente os grandes nobres e os comandantes famosos faziam-no num certo grau. E, quando exigiam que essa autoridade fosse devolvida, assim que a tarefa houvesse terminado, às vezes permitiam que os feudatários ficassem com ela por um tempo, por ter uma natureza acomodativa, e às vezes surgia algum incidente que fazia com que a recuperação se tornasse difícil, a não ser que se pagasse por ela. Neste caso, seus vassalos certamente roubavam a autoridade. Isso não só constitui uma grande desgraça para um senhor, mas também causa-lhe um grande prejuízo. Porque, se os vassalos adquirem muito poder, conseqüentemente o do seu senhor é diminuído, e se as pessoas chegam a pensar que, honrando o vassalo, podem conseguir o que desejam, porque este controla todos os acessos ao senhor, pensarão somente em obter seus favores, conseguindo que o senhor tenha somente uma importância secundária, e assim as relações benévolas entre o senhor e o vassalo desaparecem e os leais samurais brilham por sua ausência. Então, se surge alguma emergência, não restarão bons homens para desafiá-la. Afinal, não só os feudatários de antigamente, mas também os ajudantes do senhor, assim como aqueles que ostentam cargos inativos, serão oprimidos pela autoridade dessa pessoa e irão se acovardar, e isso não é bom para o seu senhor. Pois não dirão nada das coisas que observam, lamentando-as somente em seu coração, e murmurarão para seus amigos, sem que ninguém as enfrente e leve a informação ao seu senhor. Assim, a conduta arbitrária e a imparcialidade do ofensor, bem como a extensão de sua honra e glória, permanecem ignoradas por seu senhor, que pensa que faz tudo corretamente e, desta forma, por negligência, ocorre um grande infortúnio. E a incapacidade de conhecer como as pessoas são na realidade é condenada geralmente como algo que não se encaixa a um senhor ou a alguém que dá ordens. Afinal, um homem dessa natureza, que não se preocupa em absoluto com o que pensa o seu senhor, provavelmente não será sensível à opinião de seus companheiros. Favorecerá alguns poucos funcionários e outorgará a conhecidos e amigos honorários e subornos que não são propriedade de seu dono; em troca, pegará os presentes para si enquanto presta uma homenagem a seus convidados com peixe, licor e tortas trazidos da cozinha de seu senhor. Desta maneira, atuando sobre o princípio de que "aquilo que é do meu senhor é meu e o que é meu é de minha propriedade", diminui o patrimônio de seu amo, causando-lhe uma grande perda. Pense profundamente sobre isso e lembre-se sempre de exercer a humildade e reprimir qualquer pretensão quando seu senhor lhe outorgar algum privilégio, de modo que nada poderá escurecer o brilho de sua glória. Como diz um antigo ditado: "O vassalo leal não realiza sua própria existência, mas sim a do seu senhor."

Sobre a Extorsão de Impostos

Para um samurai que está trabalhando para alguém, os deveres relacionados com o fisco de seu senhor são os mais difíceis. Porque, se possui somente a capacidade e o conhecimento habituais, constituirá um grande problema ter uma boa atuação para o seu senhor sem causar nenhum problema aos demais feudatários. Sem falar dos moradores que vivem no campo e nas cidades de seu país.

Se você pensa somente nos interesses de seu senhor, as pessoas mais humildes terão muito o que suportar e, se o peso disso se torna um incômodo, seu amo sairá prejudicado; portanto, é certo que em alguma parte haverá uma insuficiência. Por mais inteligente e sagaz que possa ser um samurai, a doença da cobiça irá pegá-lo facilmente, e se ele tem de reunir dinheiro para a casa de seu senhor e para cobrir outros gastos, irá se tornar um consumista e empregará mal o dinheiro de seu senhor, construindo casas, colecionando curiosidades e mantendo uma aparência elegante. Este é um samurai conhecido como um vassalo ladrão.

Existe também o funcionário que elabora um novo e diferente sistema, afirmando que o faz em benefício de seu amo, e não se preocupa com o prejuízo que produz a seus companheiros: obriga-os a pagar aos cidadãos da cidade grandes impostos e recolhe taxas altíssimas sobre as terras dos moradores do campo, pensando em obter maiores entradas financeiras em um futuro imediato, sem nenhuma consideração com o bem-estar das pessoas. Além disso, pode enganar conselheiros incompetentes, superiores e chefes de departamento para que concordem em outorgar aumentos inadequados de salário e recompensas. Mas se esses novos regulamentos demonstram-se inviáveis e inúteis, serão apresentados como se tivessem sido realmente planificados por esses conselheiros e chefes, evitando assim o castigo e amparando-se neles. Esse tipo de funcionário é conhecido como um vassalo extorsionário de impostos.

Agora, em relação aos vassalos ladrões (mencionados em primeiro lugar), se roubam o patrimônio do senhor de forma indigna para um samurai e corrompem a justiça, quando recai sobre eles o castigo dos céus, que se manifesta em sua ruína pessoal, quando são destituídos, o assunto chega ao fim, porque o povo já não é mais oprimido, e cessam igualmente os problemas na administração e as perdas na província. Mas o funcionário que extorque impostos produz um prejuízo muito maior e, conseqüentemente, será mais difícil de ser reparado. Porque o prejuízo na administração de seu país é o crime maior que se pode cometer, ainda que não o faça por cobiça ou desfalque. Os sábios de antigamente declararam que é melhor ter um funcionário ladrão que um chantagista de impostos. E, ainda que para um samurai não possa existir nada pior que ter a fama de desfalcador, os antigos condenam mais o chantagista. Assim, se o ladrão é castigado mediante a decapitação, o chantagista deve ser crucificado. Essa pode ter sido a opinião em épocas passadas, mas atualmente, visto que as ações de ambos podem ser consideradas iguais, ou seja, castigam seu país com a desculpa de estar trabalhando em benefício de seu senhor, ambos são considerados criminosos. E para uma ofensa de tamanha proporção é difícil dizer qual deve ser o castigo empregado.

Sobre Converter-se em Ladrão

Os pequenos vassalos que servem sob o comando do capitão da guarda ou do superintendente têm de suportar e estar atentos a seus diversos superiores, e ao mesmo tempo têm de ser tolerantes com as diferentes qualidades de seus companheiros. Mas, se um vassalo possui a sorte de ser promovido e a ele é dada a gerência de uma empresa, deve mostrar simpatia e consideração com seus funcionários, ao mesmo tempo em que cumpre o seu dever perante o seu senhor. Talvez seja desnecessário afirmar que não deve ser parcial nem bajulador, mas sua atitude pode mudar quando sobe ao posto de capitão da guarda ou superintendente. Por exemplo, Sakuma, vassalo de Oda, e Uozumi, vassalo de Hashiba, foram exemplos de homens admiráveis quando eram humildes samurais, mas que fracassaram quando passaram a um alto posto; conseqüentemente, foram despedidos por seus respectivos senhores arruinados.

Preguiça

Um samurai que trabalha para alguém deve viver o dia de hoje sem pensar no amanhã, como eu havia dito no primeiro capítulo, a tal ponto que, se faz o que tem de ser feito dia a dia, com cuidado e meticulosidade, não deixando nada por fazer, não tem nenhuma razão para lamentar-se. Mas surgem problemas quando as pessoas se apóiam no futuro, tornando-se preguiçosas e indolentes, deixando que as coisas passem, colocando de lado assuntos bastante urgentes, mesmo depois de ter conversado muito sobre eles (para não falar dos menos importantes), na crença de que sejam bem executados no dia seguinte. Pedem uma coisa a um companheiro ou culpam a outro por outra, tentando fazer com que alguém faça as coisas por eles e, se não têm ninguém que possa ajudá-los, deixam-na sem fazer; portanto, não passa muito tempo sem que tenham acumulado um monte de tarefas inacabadas. É um grande erro cuja origem é confiar no futuro, algo contra o que se deve estar sempre atento. Por exemplo, seja qual for o dia do mês que você tem de trabalhar na guarda, deve calcular o tempo que gastará da sua casa até o trabalho, de maneira que comece o trabalho um pouco antes do horário predeterminado. Mas alguns indivíduos incapazes gastam o seu tempo fumando quando deveriam estar a caminho, ou conversando com suas esposas e filhos; deixam sua casa já atrasados e depois têm de apressar-se a tal ponto que não reconhecem as pessoas que cruzam pela rua. E quando chegam ao seu destino, estão totalmente suados e abanam-se inclusive quando faz frio; depois têm de dar desculpas plausíveis por terem chegado tarde, colocando como pretexto algum assunto urgente que tinham de executar.

Quando um samurai tem de entrar na guarda do castelo de seu senhor, nunca deve chegar atrasado. E se um homem se prepara para chegar um pouco antes, mas depois perde tempo esperando por seu companheiro que chega tarde, não se sentará de cócoras, bocejando, nem sairá apressadamente quando termina seu trabalho, como se fosse um grande esforço estar na mansão de seu senhor, porque isso não é, em hipótese alguma, bem-visto.

No Caminho

Quando estão atravessando um rio ou tomando um barco, daqueles que pegam passageiros no transcurso de uma longa viagem, se dois *daimyos* se encontram e surge uma disputa entre seus respectivos criados e, depois, seus companheiros se unem a ela, produzindo-se entre todos uma briga, o fato de seus senhores tomarem parte nela ou não depende de como se maneja o assunto. Se ambos se envolvem, pode ser difícil ajeitar a situação. E lembre-se que é de baixo que vêm os problemas e que, quando você viaja com seu senhor, deve ficar bastante atento não só ao seu comportamento, mas também deve cuidar do comportamento de seus companheiros, inclusive intercedendo pelo mais humilde, para que assim tenha total segurança de que não ocorrerá nada irracional.

E quando está escoltando o seu senhor a pé, em Edo, e encontra outro *daimyo* no caminho, se o jovem samurai que vem na frente dirige algumas palavras e explode, você deve imediatamente estar atento para pegar as lanças de seu senhor e permanecer ao lado dele para ver como se desenvolve o assunto. E, se é impossível manter a paz e todos os vassalos têm de desembainhar sua espada e entrar na batalha, você deve imediatamente trazer o cavalo de seu senhor ao lado de sua banqueta e ajudá-lo a montar, e depois desembainhar sua lança e dá-la a seu senhor, estando ao mesmo tempo pronto para sacar sua própria espada e manter-se firme.

E quando você acompanha seu senhor em uma diversão, acontece algo diferente enquanto ele está ali e, aparentemente, poderá produzir-se uma perturbação na sala, vá ao alpendre, com a espada na mão, e anuncie aos ajudantes: "Sou fulano de tal, vassalo do senhor X e como as coisas parecem tumultuadas no interior, sinto-me preocupado por ele, e é por essa razão que eu me aventurei a chegar até aqui." Então, quem sabe os ajudantes respondam: "Não acreditamos que possa ser algo grave, ainda que seja natural que esteja preocupado; mas, visto que seu senhor não se encontra em perigo, pedimos que tranqüilize sua mente". Daí você poderá informar a seus companheiros sobre isso. E se tudo ocorrer assim, todos estarão encantados por tê-lo ouvido. Depois deve pedir ao ajudante que verifique se seu senhor pode recebê-lo e, imediatamente após tê-lo visto, deve abandonar sua presença.

A expressão dos Próprios Sentimentos

Um vassalo samurai que fez algum tipo de serviço especial para o seu senhor, e tanto ele como os outros consideram o seu trabalho extraordinário e o elogiaram por isso, deve entender que o mesmo pode não acontecer com o seu senhor. Inclusive, caso se sinta agitado internamente, pode haver alguma outra coisa que o ofenda. E assim, se o vassalo não obtém nenhuma recompensa e pensa que seu mérito foi passado em branco, pode ficar insatisfeito e demostrar o que sente queixando-se continuamente sobre a ingratidão de seu senhor, o que é, não há necessidade de dizer, um erro de quem não aprecia o que é o serviço.

Entretanto, durante o período de guerra civil, os samurais iam para o campo muitas vezes durante o dia e colocavam em risco sua própria vida voluntariamente pelos seus senhores e comandantes, mas não falavam de seu mérito nem de suas valentes façanhas. E o trabalho em tempos de paz consiste simplesmente em recostar-se sobre esteiras, esfregar as mãos e lutar em combates com dez centímetros de língua, para o bem ou para o mal, e sob hipótese alguma arriscar sua própria vida. Mas, seja em tempos de paz ou tempos de guerra, é dever do samurai servir com o mesmo espírito de lealdade. E o fato de que aquilo que faz seja especial e digno de elogios ou não, cabe a seu senhor julgá-lo. É suficiente que tenha certeza de que irá cumprir sua obrigação como lhe é devido e não deverá expressar nenhum sentimento de descontentamento.

Leal Até a Morte

Um samurai que presta seus serviços tem uma grande dívida para com o seu senhor e chega a pensar que apenas com dificuldade poderá devolver o pagamento, exceto cometendo *junshi** e seguindo-o até a morte.

Mas isso não está permitido por lei, e realizar somente o trabalho habitual está muito longe de ser o suficiente. O que resta? Um homem pode desejar ter a oportunidade de fazer algo que o permita sobressair-se mais que seus companheiros, dar sua vida e realizar alguma coisa e, se está decidido a fazer algo dessa natureza, é cem vezes preferível que leve adiante o *junshi*, pois assim pode converter-se em salvador não só de seu senhor, mas também de todos os vassalos, companheiros seus, grandes e pequenos, tornando-se assim um personagem lembrado até o final dos tempos, como modelo de samurai em posse das três qualidades de Lealdade, Fé e Valor. Porém, sempre existe um espírito do mal que persegue a família de uma pessoa de classe. E a maneira como fala mal desta família

** Suicídio voluntário do samurai por ocasião da morte do seu senhor; essa prática parte do princípio de que um samurai não deve servir a dois senhores em sua vida (N. do T.).*

consiste, em primeiro lugar, em causar a morte (por acidente ou por epidemia) de algum jovem samurai entre os conselheiros hereditários ou entre os veteranos que possuem as três virtudes de um guerreiro e que prometem ser de grande valor no futuro em apoio de seu senhor, assim como beneficiar todo o clã. Essa perda é tida como um duro golpe. Assim, quando Amari Saemon, comandante dos samurais que serviam Takeda Shingen, caiu de seu cavalo e se matou muito jovem, aquilo foi considerado obra do espírito maligno de Takasaki Danjo, que havia rondado esta casa durante muito tempo.

Em segundo lugar, esse espírito maligno incorporará um dos conselheiros, parentes mais velhos ou samurai ajudante, nos quais o senhor confia mais e que são especialmente favorecidos, podendo enganar a mente do senhor e seduzi-lo para atuar injusta e imoralmente.

Assim que seu senhor é desviado, esse samurai pode agir de seis diferentes maneiras. Em primeiro lugar, pode impedi-lo de ver ou ouvir algo e forçar os que estão trabalhando a não demonstrar seus pontos de vista, ou inclusive, se for possível, fazer com que estes não sejam adotados, e geralmente considerando a si mesmo como único e indispensável, decidindo tudo por si próprio. Em segundo lugar, percebe que algum dos samurais da casa parece promissor e provavelmente poderá ser útil a seu senhor, atuará de tal maneira que seja transferido para outro local e mantido distante de seu amo. Ficarão perto do senhor somente aqueles com quem têm uma relação, que estão de acordo com ele, que o obedecem, respeitam-no e nunca o contradizem. Assim, impede seu amo de saber sobre a maneira estranha e dominante em que vive.

Em terceiro lugar, pode persuadir o seu senhor para que este tenha uma segunda esposa, com o pretexto de que não possui suficientes descendentes para garantir a sucessão e procura prostitutas para essa finalidade, sem averiguar de que família procedem, contanto que tenham boa aparência. Reunirá músicos e dançarinas no *biwa* e *samisen*, que são essenciais para diverti-lo e tirá-lo do tédio. Se até um senhor que é naturalmente inteligente e forte é suscetível de ser estragado por fascinações femininas, quanto mais aqueles que nasceram carentes dessas qualidades!

E então o seu discernimento o abandonará e pensará somente na diversão, tornando-se cada vez mais dependente dela, de forma que depois estará totalmente entregue ao baile e ao jogo, seguindo inevitavelmente para as reuniões em que se bebe continuamente, de dia e de noite. Assim, chegará a passar todo o tempo nos aposentos das damas, sem pensar nos assuntos oficiais e administrativos e odiará a idéia de ter uma entrevista com seus conselheiros sobre esses assuntos. Conseqüentemente, tudo permanece nas mãos desse conselheiro diabólico, e dia a dia seu poder aumenta, enquanto que os outros se convertem em meras ausências, de lábios selados e semblantes encolhidos. Como resultado, a casa vai de mal a pior.

Em quarto lugar, como tudo é mantido em segredo, os gastos se incrementam e a entrada de dinheiro deve ser aumentada; portanto, as velhas normas são abolidas, ditando-se outras novas, e coloca-se um espião por aqui e censura-se alguém por ali, os salários são cortados, de maneira que as categorias inferiores passam por grandes dificuldades sem que ninguém se preocupe com isso, enquanto seu senhor nada na abundância e vive no luxo. Assim, mesmo que não seja dito nada em público, propaga-se entre os vassalos um grande descontentamento e, em pouco tempo, não existe um ser único que seja leal de coração a seu senhor.

Em quinto lugar, ainda que um *daimyo* seja nada mais nada menos que um perito no Caminho do Guerreiro, visto que um conselheiro diabólico provavelmente não se ocupará disso em uma época de paz e tranqüilidade como esta, não haverá interesse nos assuntos militares nem inspeções das tropas. E todos da casa estarão muito contentes em prosseguir com essa atitude, e ninguém se preocupará com os deveres militares ou fará provisões adequadas de armas ou abastecimento de comida; estarão satisfeitos em deixar que as coisas sigam sozinhas, preocupando-se apenas com o presente. Assim, ninguém pensa, vendo a condição atual da casa, que seus antepassados haviam sido guerreiros de renome e que, se sobreviesse alguma crise e os surpreendesse sem preparação, haveria grande agitação e confusão e ninguém saberia o que fazer.

Em sexto lugar, quando o senhor se apega ao prazer, à bebida e às diversões, torna-se cada vez mais cheio de caprichos, até que a sua saúde seja afetada. Todos os seus vassalos estarão desanimados e carecerão de sinceridade, vivendo simplesmente o dia de hoje, sem ter qualquer tipo de ajuda para guiá-los; posteriormente, poderá acontecer algo ao senhor por causa da influência desse espírito diabólico.

Esse homem, que é tido como o mais baixo de todos, esse inimigo vingativo de seu amo e gênio diabólico de sua casa, será certamente maldito por todo o clã, mas ainda assim não acontecerá nada, a não ser que nove ou dez deles, de comum acordo o acusem e o levem a juízo, com um monte de argumentos, sem ter de manchar as mãos. Mas, neste caso, o assunto não pode ser esclarecido sem que venha a público, e o senhor e sua casa serão submetidos a investigação, e todos os assuntos serão agravados e acabarão em uma sentença ditada pelo governo do *xogum*. E, em todas as épocas, quando um *daimyo*, foi incapaz de manejar seus assuntos, sendo castigado pelo governo, o resultado foi que esta casa chegou a seu fim. Como diz o velho ditado: "Quando o chifre fica visível, o boi é morto e quando os ratos são caçados, o templo é queimado". Assim, quando a casa do senhor é arruinada, seus vassalos ficam desempregados, perdendo o seu meio de vida. Por isso, é melhor pegar esse grande ladrão de conselheiro que é o espírito diabólico da casa e esfaqueá-lo ou arrancar sua cabeça, colocando um fim a suas práticas corruptas. Então, ele deve diretamente cometer *seppuku**. Assim, não deixará nenhuma brecha aberta para um juízo ou sentença e a pessoa de seu senhor não será manchada; portanto, todo o clã continuará vivendo com segurança e não haverá nenhum problema aberto no império. E alguém que tem essa atitude é um modelo de samurai que trabalha cem vezes melhor que aquele que pratica *junshi*, visto que possui as três qualidades de Lealdade, Fé e Valor e transmitirá um glorioso nome à posteridade.

** O ritual do Seppuku – suicídio por incisão do abdome, também conhecido por harakiri – era a única saída para um samurai derrotado em duelo ou que tivesse ferido a sua honra com um ato indigno ou cometido uma falha imperdoável.*

Assuntos Literários e Estéticos

Ainda que o Bushido implique antes de tudo e de maneira natural as qualidades de fortaleza e força, ter exclusivamente desenvolvido este aspecto não significa nada, senão ser um samurai grosseiro, o que não conta muito. Assim, um samurai deve certamente ser melhorado e, se tem tempo, deve dedicar-se até certo ponto a fazer versos ou à cerimônia do chá. Porque, se não estudar, não será capaz de entender o motivo das coisas do presente e do passado. E, por mais sensatos e sagazes que sejam os assuntos do mundo, às vezes se encontrará muito limitado por causa da falta de conhecimento.

Mas, se possui uma compreensão geral dos assuntos de seu próprio país e dos países estrangeiros, considera os três princípios do tempo, do lugar e da categoria, e segue seu melhor caminho, é improvável que cometa erros em seus cálculos. E é por essa razão que acho que um samurai deve ser estudioso.

Mas, se o uso de seu conhecimento é mal utilizado e se converte em uma pessoa cada vez mais obstinada, que olha por cima do ombro dos analfabetos como se não existissem, torna-se um adorador das coisas estrangeiras, pensando que nada é bom se não for chinês, e tem tantos preconceitos que não é capaz de perceber que algo pode ser inconveniente para o Japão nos momentos atuais, ainda que possa ser bom em teoria, então digo que sua aprendizagem não é tão boa.

E o correto é estudar levando tudo isso em consideração.

Compor versos é costume do nosso país e os grandes soldados de todos os tempos se diferenciaram nisso, de maneira que até um humilde vassalo fará bem em executar essa tarefa e tentar exercitar sua mão em algum verso (mesmo que seja grosseiro) em alguma ocasião. Mas alguém que fica inteiramente absorvido nisso e descuida-se dos deveres habituais, será fraco de mente e de corpo, perderá as qualidades marciais e aparentará ser um samurai bajulador.

Particularmente, se você se acostuma com esses curtos versos *haiku* que agora estão em moda, pode facilmente cair na verborragia, na invenção e no brilho, até mesmo na companhia de colegas sérios e reservados e, ainda que isso possa ser atualmente divertido na sociedade, é uma atitude que um samurai deve evitar. Depois, em relação ao *chano-yu*, dos tempos dos 4.500 *xoguns* de Kioto, constituiu a diversão da classe militar e, ainda que você não seja grande entusiasta por ele, provavelmente será convidado a participar da cerimônia, com pessoas de classe; portanto, deve conhecer pelo menos como entrar na sala de chá e nos recintos de forma adequada, como considerar a arrumação e os processos de forma inteligente, como consumir a comida e beber o chá corretamente. E, para obter o conhecimento de como deve proceder, é aconselhável que tenha lições com um professor de chá. Afinal, a sala de chá é um lugar muito agradável para desfrutar do retiro e da tranqüilidade, longe da ostentação e do luxo, e inclusive nas terras dos poderosos e dos funcionários você encontrará essas cabanas com teto de junco, colunas de madeira natural e vigas de bambu, dispostas como vales, em uma montanha solitária com sua simplicidade de janelas de madeira, do bambu comum e da porta rústica na entrada. As vasilhas de chá e outros utensílios estão desprovidos de qualquer ornamento pomposo, mas têm um formato depurado que evita as impurezas de cada dia. Creio que cultivar esse espírito já é um grande passo para purificar o Caminho do Guerreiro. Assim, não é algo ruim para ninguém, que se construa uma praça para o *cha-no-yu*, ainda que somente tenha pintura de artistas atuais, vasilhas de chá feitas por ceramistas modernos e chaleiras de terra cozida, sendo tudo muito barato, de acordo com o estilo austero da arte da cerimônia do chá. Mas, em todas essas coisas, o simples pode chegar a ser muito complicado, e o luxuoso pode manifestar-se por si mesmo; se, por exemplo, quando você vê a chaleira Ashiya de outra pessoa, sente-se mal com sua própria chaleira, prontamente estará desejando que todos os seus utensílios e objetos sejam de valor. Será um pechinchador e grande conhecedor, com o objetivo de encontrar uma peça fina por uma pequena quantia.

Depois, quando encontra algo muito atraente na casa de outra pessoa, irá incomodá-la para ter o objeto ou tentará trocá-lo, logicamente com a intenção de obter o melhor para si mesmo. Esse tipo de comportamento não é melhor do que o do charlatão ou de um comerciante, degradando assim o Caminho do Guerreiro, rebaixando-o ao de um simples comerciante. Isso é tido como um erro muito grave e, melhor do que praticar esse tipo de cerimônia do chá, é não saber nada sobre ela, permanecendo ignorante inclusive na maneira de beber o chá em pó. Pois é preferível parecer um pouco ignorante do que deteriorar a qualidade do Bushido.

Leitura Recomendada

Livro dos Cinco Anéis, O

O Clássico Guia de Estratégia

Miyamoto Musashi

Escrito no século XVII, este livro continua sendo referência para os homens de negócios e de marketing do Japão. É considerado um dos melhores guias psicológicos de estratégia, excelente para profissionais que precisam impor sua marca por meio de campanhas e táticas de vendas no competitivo mercado de hoje.

Krishna e a Arte de Liderar

por Sathya Sai Baba

Dr. M. L. Chibber

O dr. M. L. Chibber, com grau M.Sc da Universidade de Madras, traz grandes lições do mestre Sai Baba sobre a arte de liderar, fundamentadas nos ensinamentos de Krishna. Este livro foi escrito especialmente para apresentar aos jovens, os líderes de amanhã, algumas das verdades fundamentais sobre liderança, assim como seu lado prático.

Aforismos de Confúcio

Confúcio

Aforismos é uma obra que traz uma série de máximas escritas há mais de dois mil anos pelo grande filósofo e célebre pensador chinês Confúcio. São ensinamentos que, embora antigos, trazem lições atuais que podem ajudar no crescimento pessoal de todos aqueles que as lerem com o coração.

Dores de Amor de Socrates, A

Kay Hoffman

Em *As Dores de Amor de Sócrates*, o leitor conhecerá um pouco mais sobre o pensamento e o modo de ser deste grande filósofo que se considerava, antes de tudo, um professor. Ele ensinava nas ruas e praças de Atenas, cercado por uma colorida multidão de alunos, entre os quais os filhos das famílias respeitáveis da época. Humilde o suficiente para admitir que nada sabia como homem, foi com essa atitude que Sócrates atribuiu aos deuses a verdadeira sabedoria e o direito absoluto de tomar decisões.

Este livro foi composto em Bodoni Bk BT, corpo 12/14,4.
Papel Offset 75g – Bahia Sul
Impressão e Acabamento
Gráfica Palas Athena – Rua Serra de Paracaina, 240 – Cambuci – São Paulo/SP
CEP 01522-020 – Tel.: (0_ _11) 3209-6288 – e-mail: editora@palasathena.org